非情绪沟通

别让坏情绪拖累你的人生

[美] 艾莉森·格林(Alison Green) / 著

漆琼娟 / 译

天津出版传媒集团
天津科学技术出版社

本书配有智能阅读助手,
为您1V1定制《非情绪沟通》阅读计划

1 高效阅读 帮您快速掌握职场沟通小技巧。

2 轻松阅读 了解如何在职场中精准表达。

3 深度阅读 阅读更多同类延伸作品。

著作权合同登记号　图字：02-2020-222

Copyright © 2018 by Alison Green
Published in agreement with The Bent Agency, through The Grayhawk Agency Ltd.

图书在版编目（CIP）数据

非情绪沟通 /（美）艾莉森·格林（Alison Green）著；漆琼娟译. -- 天津：天津科学技术出版社，2020.10

ISBN 978-7-5576-8485-3

Ⅰ.①非… Ⅱ.①艾… ②漆… Ⅲ.①人际关系学 Ⅳ.①C912.11

中国版本图书馆CIP数据核字(2020)第123486号

非情绪沟通
FEI QING XU GOU TONG
责任编辑：刘　颖

出　　版：	天津出版传媒集团 天津科学技术出版社
地　　址：	天津市西康路35号
邮　　编：	300051
电　　话：	（022）23332372
网　　址：	www.tjkjcbs.com.cn
发　　行：	新华书店经销
印　　刷：	唐山富达印务有限公司

开本880×1230　1/32　印张10　字数200 000
2020年10月第1版第1次印刷
定价：49.00元

前 言

在十多年前,我开辟了一个职场咨询专栏,叫《经理对话录》(Ask a Manager)。当时,我在一家非营利的游说机构担任办公室主任,经常看见人们在职场方面所做出的选择,并没有带来他们想要的结果。这使我想到,人们需要一个平台,以便让他们了解到他们的经理的视野、思路,以及怎样思考自己工作方面遇到的问题。因此,本书便这样应运而生了。起初,我主要想回答这些问题:怎样写一份简历,怎样升职,怎样去适应一位新到任的经理,以及职场其他方面的基本事项,等等。

当时我并未意识到,我将会把大部分时间都花在更微妙的问题上,即在职场中怎样与他人交流——比如,与一位不停给你发信息的同事该说些什么,或者当你对同事的香水过敏时你该怎么做,以及当你的经理偷偷拿走了你的午餐(严肃事件)时,你该如何处理这件事。

虽然职场中有很多人真的感到沮丧、失望或是厌倦,但他们都没有说出来,因为他们无法判断该说些什么,以及该如何展开这样的对话。当人们并不知道在职场中应该怎样精准地表达时,他们通常会什么都不说。随后,他们的恼怒情绪将进一步强化,而之前的问题并没有得到解决。

我得以知道这些,是因为《经理对话录》专栏每天都会接收到 60 多封的信件。他们通过这些信件寻求帮助。信件的内容均关乎职场人际关系的互动,范围很广泛,既包括最常见的事情,也涉及异乎寻常的事情。

先有必要澄清一点:我自己也并非是一个完美的经理或同事,我曾经犯过很多错误。面对读者所提出的问题,我也没有完美的答案。不过,通过这十多年经营《经理对话录》专栏的经历,我不得不去思考一系列广泛、诡异的职场人际关系问题,尤其是,当你不得不去谈论它们的时候,你该说些什么。

事实上,关于信件中所提到的问题,我总结后只得出一点:直接说出来。他们需要的仅仅是展开一场开诚布公的对话。然而,很少有人会这样做,其根本原因还是在于他们根本不知道该说些什么。

这是可以理解的。我们每个人要靠工作维持生计。在与同事的相处中,我们会小心翼翼地避免紧张感或让自己显得很不合群。你的职场生活质量通常取决于你与同事之间,尤其是与你上司之间的关系。上司可是一位关键人物,因为他可以控制有关你的所有事情,从工作分工到你是否能留住这份工作。所以与这些人物开展这样一场对话确实是一次冒险。

然而,如果你不直接说出来,风险同样很高。事情有时会发展到很严重的地步,比如你没有按时得到报酬,这时不直接说出来则意味着无法支付你的消费账单。相反,如果你直接说出来了——以非防守性的态度,只是平静地、实事求是地表述——你将建立这样一种声誉，即能够以相对优雅的姿态应对某些艰难的处境。你还会显著提高自己的职场生活质量，因为当你能以恰当的方式表达自己的意见时，你就会改善自己的工作条件和人际关系。（你可能还会发现，在职场之外，这些技巧也有用武之地，这算是一项额外的福利。）

顺便说一下，"非防守性的态度"是非常关键的因素。一方面，很多人选择了默默忍受，而不是直接说出来；另一方面，我发现，有很多人尽管表达了自己的意见，但其方式却很糟糕。他们表达得太富有侵略性，且太激进了，由此就会导致他们很合理的担忧在信息传递中丢失了。

因此，在这本书中，我将教你一些建议性的表达方式，帮助你处理工作中遇到的各种情况，告诉你该怎么表达你想说的话。

当你阅读本书时，请记住以下三项原则：

第一，世界上从来没有能自动解决问题的魔法棒。我经常听到很多人把问题归结为"我同事的某些行为真是烦人"（比如，有位同事接听所有电话都使用免提功能；有位同事总是在下班前最后一刻将工作交给我；有位同事和我说话时总是口水飞溅）。面对这些情况，"怎样能在我不开口对他明说的情况下，让他停止这么做呢？"当然，我们都希望他们能自动地停下，避免一场尴尬的对话。毫无疑问，我也想那样！不过，在大多数的现实中，这是一个并不存在的选项。

的确，在某些情况下，这种过分的行为让人十分恼火。你甚至可以不与对方交流，而直接找到他们的经理或人力资源部。然而，这只是极个别的情况，并不是处理这类事情的标准做法。

比如，你肯定不想去和人力资源部谈论那位说话时总是唾沫横飞的同事。因为，不管怎样，你都会被贴上"不能很好地处理同事关系"的标签。人力资源部会让你回去，直接找这位同事谈谈。

在大多数情况下，如果有人正在做一件让你困扰的事情，而你想让他停下来，唯一现实可行的方法是直接告诉他。因此，你得决定：自己是愿意以谈话的方式直接告诉他，还是想避免这种谈话，从而不得不继续忍受那些让你烦恼的行为？通常这是你仅有的两种选择。

第二，绝大多数人都是讲道理的。大多数人都想知道你是否会对他们做的某件事情感到恼火。大多数经理都想知道员工是否会对某项工作安排深感不满。大多数人并不会因为你发起的这次谈话而感到沮丧；对于讲道理的人来说，你也不会被视为一个不可理喻的混蛋。正因为如此，直接说明事实所产生的效果远比你想象中的要好。不过，我们必须现实点。确实，某些情况下，一场不合时宜的谈话可能会造成紧张或尴尬的氛围，甚至会激怒对方。不过，这种情况发生的频率肯定比你认为的要少。在本书中，我将教会你们一些表达方式。这些表达方式可以降低产生不良结果的可能性。当然，很多事情你无法控制，有一些人也不可理喻，但绝大多数的情况下，可能产生的最坏结果只是短暂的尴尬，然后回归常态。

第三，你的表达方式非常关键。你的语调、组织语言的方式起着非常重要的作用，将决定谈话的结果。在对话中，你的语调应该听起来冷静、实事求是、可合作。想象自己在试图与同事合作解决一个与工作相关的问题，而过去两个晚上你并没有失眠，也没有刻意鼓足勇气来发起这场对话。轻松自如的语调是你的目标。

接下来，我将开始着手深入研究那些尴尬的、棘手的奇怪问题。

在哪些场合，你应该保持沉默

虽然我极为热忱地想让人们在工作中更自在地直接对话，但有很多时候，直接地说出来也并非正确的选择。比如下面的情形：

- 你不具备相当的职场地位或资本。每个职场人士都有一定的社会及职业资本。能拥有多少这样的资本取决于：你在这家公司工作时间长短、职位的高低，与身边同事相处的友好程度，工作岗位价值的高低，你的经理欣赏你的程度，以及你是否乐于帮助身边的同事。对于以上因素，如果你的资本积累程度比较低，你将无法站在一个有利的位置去直接说出一件困难或敏感的事情。（当然，如果涉及非常严重的事情，那就要另当别论了。比如，遇到性骚扰或是不安全工作条件时，你应该直接地说出来。）

- 你有更重要的目标去"战斗"。如果你想向经理申请升职或是想申请更好的项目，那么这个时候并不是去要求他在接听电话时别用免提的合适时机。你要重点关注目前对你最重要的事情，要有取舍。

∞ **你仅仅要表达这件事情让你感觉良好，但没有任何利益可图。**自从原则上要"直接说出来"这个理念产生以来，我非常赞同这个理念。直接地说出一些让自己烦恼的事情，这会让你有一种强烈的满足感，即使这可能会导致事情朝着更糟的方向发展。不过，对于工作来说，你需要在自己所获得的内心满足感与这对你职场人际关系、职业声誉所产生的影响之间，做出权衡。

当然，在权衡这些因素之后，如果你仍然决定要说些什么，那就去做，只要你心中已做好利弊分析就可以了。

∞ **时机并不合适。**如果你要与之开展谈话的那个人正好忙着处理家庭危机，或他刚刚指出了你工作中出现的严重问题，那么你最好先等等。这种时候显然并不适合与他谈论某些困难或棘手的事情。

目录 CONTENTS

ASK A MANAGER

前 言 // 1

PART 1　这样说，上级才会支持你 // 001

第一章　高效处理工作中的摩擦 // 007

第二章　获取上级的反馈 // 025

第三章　说服上级修正他的管理方式 // 037

第四章　提升自己的待遇水平 // 061

第五章　厘清工作与生活的关系 // 077

第六章　如何辞职 // 091

PART 2　这样说，同事才会配合你 // 103

第七章　明确责任问题 // 109

第八章　消除对自己的冒犯 // 123

第九章　设定人际关系的界限 // 143

第十章　学会拒绝 // 153

第十一章　避免尴尬 // 165

十 非情绪沟通

PART 3 这样说，下属才会追随你 // 177

第十二章　提升下属效率 // 183

第十三章　解决下属的不良习惯 // 205

第十四章　维护自己的权威地位 // 223

第十五章　维持团队的积极性 // 249

PART 4 这样说，面试才会顺利 // 259

第十六章　化解面试中的"窘态" // 263

第十七章　获取自己想知道的信息 // 269

第十八章　处理工作经历中的"污点"问题 // 277

第十九章　摆脱面试过程中的麻烦 // 287

第二十章　搞定工作条件的谈判 // 297

结　语 // 307

PART 1

这样说,

上级才会支持你

即使只是涉及日常工作，与经理进行谈话仍会让人倍感压力。与经理之间不对等的气场会使你头脑混乱，并导致你的谈话所产生的效果与自己真正想要达到的相比更显得微乎其微，甚至使你确信你根本没有必要去找他谈话。

在你接近你的经理时，如果内心提前设定一个基本前提，即他就是一个和你一样的普通人，并非皇亲国戚，并非可怕的食人魔，那么你将得到最好的谈话效果。说起来总比实际做起来更容易，因此，我在这里提供一些通用的行动建议：

不要思考过度。思考过度将导致你承受更大的压力和焦虑感，并使你的大脑运转效率更低；你会总是纠结在某个问题上，或使用一些听起来很老旧且不明确的外交措辞。简单明了、开门见山地表达你的观点就好。

保持你的自我意识。你越是能以冷静的方式展开对话，越可能达到自己想要的效果。当然，这并不意味着，对相关的事情，你不能有感情色彩。这只是说，你不能让情感因素掌控了这场对话。比如说，在你的经理给你提出了一些批评性的反馈后，你陷入了对抗性或沮丧的情绪。这样你便不太能真正地接纳他给出的指导性意见。相反，如果此时你能冷静地询问他更多的信息,并通过你自己的判断,与经理进行选择性的交流,那么效果会好得多。这样,你就不会随口说出"没人告诉我不要那么做"等对抗性话语,而会回应更具有建设性的话语,比如"用某某方法效果会更好吗",或者"我觉得 X 的发生原因在于 Y,那让我再以 Z 方法来试,看看是否能解决这个问题"。

像咨询顾问一样思考。职员与经理之间的关系,有时候类似于父母和孩子之间的关系,这两者之间是不对等的。这并不是一种好状况。为了避免这样的状况,你可以试图以公司顾问的角度来看问题,即你的经理就是你的客户。因为咨询顾问能够独立地为客户提供服务,所以摆脱了家长和孩子之间的那种不平等关系。当然,咨询顾问想让他的客户满意,但实际上,如果双方在重要的事情上无法达成共识,他们完全可以略过大量戏剧性的情节,分道扬镳。其实,对职员来说也是这样的——只是大家往往都忽视了这一点。

当你向经理提出问题时,你应从"什么是对组织最有益处的以及如何实现"的思路入手,而不应从"我想要 X"的思路入手。前者是你的经理更需要、更愿意接受的思路,所以如果对话从这个角度切入,你们双方都能有所收获。不过,也有例外……

如果有什么东西使你真正地归结为"我想要 X",那么可以直接说出来。如果你与你的经理相处得很好,而且你已经建立了一定的职场声誉(一定程度上,这来源于你每天不会以"我想要 X"等诸如此类的话来与他进行交流），那么有时候你可以直接表达，"我知道这听起来不像什么大事，但我真是快抓狂了。我们是不是可以试着以 X 来替代"，或者"X 对我非常重要，我们是不是可以探讨实现它的方法"。一般情况下，好的经理都愿意让那些贴心的员工高兴，因此知道你心里真正想要的，对他们来说也是一项重要信息。

你要清楚地知道，你的经理可能掌握了不同的信息或者有不同于你的观点。 在很多场合里，你的经理确实掌握了很多你不了解的信息，因此在确定与他交流的方式时，你应该事先在自己的脑海里演练一遍。比如说，如果你非常关心经理将一个高利润项目转给你同事的原因，你可以这样开口，"我了解到，可能有一些我无法得知的原因促使您做出了这样的选择"，而不是"失去这个项目，我真的非常烦躁"。前一种方式将帮你建立更有优势的职场声誉，不会让你的经理处于防守状态。

在某些情况下，通过"短期的试验"而不是"永久的改变"将使你获得更好的结果。 如果你的经理对你提出来的要求持反对意见，那么向经理建议开展一项短期的试验，而不是永久的改变，可能会是一个降低风险的好方法。比如说，你想周四的时候在家办公，而你的经理并不认为这行得通，此时，你可以不要求他视这种安排为永久性的，可以这样说："我们能否在接下来的三个周四尝试一下，看看效果怎么样？如果这种工作方式引起了一些问题，我不会持续下去。这样能检验出这种工作方式的效果。"这样,他同意的概率更大。这种交流方式可以用于各式各样的工作请求,从向经理申请更多的自主权,到建议员工会议以不同的组织形式展开,都可以尝试一下。

第一章

高效处理工作中的摩擦

十 非情绪沟通

1.1 经理对你的工作不满意

有时,你的经理明显对你的工作表现不满意,比如他提出了大量的批评性反馈,或者直接告诉你,他对你的某项工作感到非常担忧。然而,在更多的时候,你并不是很确定经理对你的工作是否满意。你也许有一个模糊的感受——他不太满意,但又说不上具体指向哪项工作,或者你也许不清楚,你收到的批评性反馈的数量在正常范围内,还是真的有需要担心的地方。

在以上情况中,如果你只是默默担心,那可能就是最糟糕的处理方式了。你可能觉得,在经理面前提这些问题会导致情况更糟糕;然而,如果你的经理真对你的业绩和表现感到担心,那么你能了解到实际情况,并试着去解决问题,这才是更好的处理方法。如果你直接避开这个话题,你永远不知道你在哪些方面可以做得更好。另外,如果和你想象的不一样,经理压根没有对你的工作业绩感到担心,那么你也可以从此放心。

因此,直接说出你的担忧,并寻求更深入的探讨。以下是一些你可以直接表达的说话方式:

◇ "我似乎感觉到,您对我推进 X 和 Y 项目的方式非常担忧。如果是这样,我真的很想和您谈谈,了解一下您的想法。"

◇ "可能我有所误解,但看起来您对 X 项目的推进情况感到失望,是吗？对这个项目，是否能谈谈您的想法？"

◇ "针对您给我的某项工作的反馈内容，我们能讨论一下吗？我不确定，这些是基于您对这个岗位的期望而给出的大量反馈和重点方向，还是我个人没有达到您对岗位的要求，我应该努力迎头赶上？"

◇ "我们能谈谈事情的整体进展吗？我特别想知道您对我现阶段工作情况的反馈。"

1.2 你压根就不赞同这项工作

如果你发现自己接手的新工作，显然不同于签订的劳动合同中所约定的工作，就应该直接说出来。第一，如果你不直接说出来，你的经理可能压根没意识到这种差别；他可能因为忙于其他的工作，而没有关注到在你身上发生了些什么。第二，你必须弄清楚，你只是暂时地代替别人的工作（也许等到有人空出时间来培训你，你才能承担自己的首要责任；或等到某些岗位调整之后，再安排你上岗），还是将长期从事这项工作。第三，你需要清楚地说明，自己并不愿意干一份与之前合同中约定不一样的工作。不要认为这是显而易见的，很多时候如果你不直接说出来，别人并不会知道。

你可以使用这样的方式与经理进行交流：

◇ "入职这一个月以来，我花了大量时间和精力进行数据库维护。我们能不能谈谈，什么时候将会计工作交接给我？我非常愿意帮助公司来处理数据库。因为我知道，奈尔斯不在公司，所以我们之中必须有人能顶上这个缺。我也真的很想将时间和精力集中在我所期待的会计工作上。"

如果你的经理说，当前没有会计工作的交接计划，你可以这样说：

◇ "关于这个问题，您愿意和我谈谈是否有其他的处理方式吗？当我来这里工作时，数据库领域并不在我期望的工作方向内，这并不是我入职时确定的职位。"

这次对话很有可能使你的经理意识到，他需要重新制订一个计划——在这种情况下，需要解决一个关于你职业发展的重大问题。不过，你也可能会听到，"对，关于你的工作分配，我很遗憾，不过，这才是公司现在所需要的岗位"。如果是这种情况，你需要根据新的条款，重新思考你是否要接受这份新工作。这当然不公平。然而，如果现实就是这样子，早些了解事实真相总会更好些，这样你能决定下一步该怎么做。

1.3 你对同事的工作情况感到担忧

我们这次来说说，假如你有位同事并不是很擅长他所负责的工作的情况。他的工作中总是出现各种错误，或者他从不给客户回复电话，导致客户不得不找到你寻求帮助；或者在与他共同跟进的联合项目中，他所负责的那部分总是延迟完成，从而影响项目的总体进度。

很多人都告诉你，遇到类似这样的情况，如果没有影响你完成自己所负责的工作，那么你应该置身事外。有些时候，如果只是一些不影响大局的小问题，那么你确实应该这么做。然而，如果这些问题会造成一定的影响，而且你能看到这些小问题是如何影响到你的团队或公司的，那么，你就应该把问题告诉你的经理。当然，在这里"这个问题造成了一定的影响"非常关键。你的同事每天迟到两分钟可能不会达到那个标准，但客户们抱怨你这位同事对他们的电话从来不回复，可能就造成一定的影响了。你可以问问你自己：这种情况是怎么影响到我们的工作的，以及达到了什么样的程度？如果这些问题已经影响了你的工作，和经理直接进行交流就更有必要了。

当你和经理交流时，要坚持直截了当、实事求是的原则，直接解释到底发生了什么、造成了什么影响，以及在理想情况下，你希望你的经理能做些什么。

举个例子，当一位同事因为错过了某项工作的截止日期而影响到你的工作进度时，你可用以下方式让你的经理了解情况：

◇ "我想向您提一下，最近的几项工作任务都有最后期限，我每次都不得不加班到很晚，才在最后一刻完成所有的事情，这都是因为奥斯瓦德的那部分总是到最后时刻才交给我。我和他说过，让他早点把他负责的部分提交给我，但似乎不管用。您能协调下，让他更靠谱些，在我们部门约定的截止日期之前完成工作任务吗？"

这是一种较为隐蔽的方法，即通过暗示的方式向经理提出你的同事在工作上存在的问题，问他能否提出解决问题的建议，这样你既可以及时提醒他发生了什么事，又不用担心在他的印象里，你被贴上爱抱怨的标签。比如：

十 非情绪沟通

◇ "经理,我遇到这样一件事,我能问一下您的建议吗?我接到了很多奥斯瓦德的客户打来的电话。他们曾打给奥斯瓦德,并留下了语音信息,但之后并没有听到任何回复。过了一段时间后,当依然得不到回复时,他们便联系到我寻求帮助。然而,我这里根本没有这些客户的信息。我告诉过奥斯瓦德这些情况,但他依旧没有解决。您能否给我些建议,告诉我这个问题怎样才能以最好的方式解决吗?"

如果这些问题没有直接影响到你的工作,但你觉得它足够重要而值得引起重视,你可用以下方式与经理沟通:

◇ "我想向您提一下,我偶尔听到奥斯瓦德在接听电话时传递了一些错误信息。比如说,他给了对方一个错误的公司网站地址,或者告诉对方我们不接受信用卡支付,但这与公司实际情况是不符的。我听到的这几次,我都提醒过他正确的信息。我觉得在接听电话方面,他可能需要接受公司常识方面的培训。"(记住:这里提出问题的方式并不是"我们要给奥斯瓦德找麻烦"而是"这有一些工作问题需要我们关注"。)

顺便说一下,在很多情况下,你应该先试着与同事直接交流来解决问题。不过,如果你已经尝试与他明确地交流,但没有起到任何作用,或者这个问题已经严重到你真的需要直接向经理汇报,或者你的同事因为敌意而拒绝与你直接交流,那可以使用以上提出的建议。

1.4 即使在晚上和周末，你的经理仍期望你能随时回复邮件和电话

如果你的经理经常在晚上和周末的时间给你打电话或发邮件，讨论非紧急工作，那么你可能会得出这样的结论：即他希望你随时都有空。然而，为自己设置一定的界限，让你能有效地驳回他的期望，并追回本属于自己的时间，这是可能实现的。当然，在这个过程中，你也有可能发现他的期望无法改变。不过，在很多时候，事实证明他们其实是可以调整的。

你要做的第一件事，应该是确保正确理解了经理的期望。虽然你在晚上或周末的时候收到一封工作邮件，但很有可能你的经理并没有期望你在下一个工作日之前回复他。也可能是因为他正在工作，并将遇到的这些问题发给你，但并没有期望你立刻着手解决。你可以在下一个工作日时来解决。因此，你可以用这样的方式问问他：

◇ "除非有特别紧急的事情，否则我认为我可以在工作日上班之后，再回复那些晚上或者周末发给我的邮件。请问这个邮件是属于这种特别紧急的情况吗？"

不过，如果你的经理非常清楚地交代，他确实期待你在晚上或者周末能回复（而你的工作性质并不要求你必须随时保持待命，比如，摇滚明星危机管理），你可以试着以如下方式说：

◇ "对我来说，有时间暂时抛开工作、进行学习充电是非常重要的。那就意味着周末时我可能会关掉手机，或处理邮件

不及时。当然遇到紧急情况时,我肯定会花时间来处理。然而,在其他时候,我的工作习惯是回到工作岗位上时,完成非紧急的工作任务。我们可以试试看效果如何。"

如果你得到的答案是一个坚定的"不行",那么就这一点上,你要根据现实情况来考虑你是否还要坚持这份工作。不过,当你经常性地开展这样的对话,你会发现这其中的灵活性比你想象的要多。

ASK A MANAGER

适用于你与你的经理谈话的四类短语

记住这些实用的短语,当你与你的经理谈话时可以用上:

∝ "我当然可以用这个方法来解决问题;不过我想,如果这样做,X 可能会是一个潜在的问题。"如果觉得经理派你去做某项工作并不是一个好主意,那么你可以用这种看起来不争辩的表达方式和他交流。你很明确地表示了你将完成他安排的工作任务,而且你又提供了另一种观点,没准他能发现你的观点对完成任务更有帮助。

∝ "我意识到,我并没有完全理解您说 X 时的意思。"如果你的经理所说的内容让你感觉困惑或是震惊,那就再询问他一次。即使你现在不想提出问题来,以后再询问一次也没问题。实际上,大多数的经理是希望你这样做的,这样他们就能够更清晰地阐明他们要表达的意思。

- ∞ "谢谢你告诉我这些内容。这听起来真的很有用"。如果你心情愉快,并以公开表示感激的方式接受你的经理给予的反馈,他将更倾向于继续这样做。另外,他可能会认为你非常好共事、好相处。
- ∞ "根据您刚才反馈给我的意见建议,我能重复一下我的理解吗?以确保我听明白了您的意思。"如果你的经理总是在任务完成过半时才指出事情的关键细节,或者在结束对话的时候,你的理解与经理的要点并不一致,那么这将是一个非常好的问题。简要地总结一下你从刚刚这场谈话中收获了什么,这能帮助发现你们俩观点不一致的地方。

1.5 你的工作量不满

在开设专栏期间,我竟然收到了数量惊人的关于工作量的来信。写信者们说,在工作时他们几乎没有什么事情可做,这让人非常担心。如果你总是忙得转不开身,那这种情况听起来似乎是一种非常不错的状态,但事实上,这也可能会令人厌烦、焦虑不已。如果经理总是发现你无所事事,那么这对你的职场安全感意味着什么呢?

如果你没有很多的工作量,而且你还是这个岗位上的新手(工作时间少于六个月),那么问题可能是你的经理还没有理解在这个岗位上你能担当多少职责,或者在新项目上培训你的速度太慢了。如果是这种情况,可以试着以这种方式进行交流:

◇ "我想和您谈谈我的工作任务。我发现自己能迅速完成手头

十 非情绪沟通

上的工作任务,而且我很乐意接受更多的工作。我还能参与到其他的工作项目中吗?"

即便你不是这个岗位的新手,你也可以用同样的表达方式。因为你已经有了较多的工作经验积累,所以你可以更好地给自己定位,提出你可以从事的具体项目。在这种情况下,你可以考虑起草一份自己想要参与的项目清单,以及你觉得你可以为公司做出贡献的地方。给你的经理看这份清单时,这样表达:

◇ "我发现我完成所有工作任务的时间比预期时间早,我愿意接受更多的工作任务。如果我参与这份清单中的部分或所有项目,您能不能接受?"

如果以上的方法都没有帮到你,你依旧处于日常的无聊中,那么还有另外一个选项,即问你的经理,你是否可以用这个空闲期来做一些其他事情。理想状态中,这些事情在名义上至少应该是与工作有关的,比如学习发展一项新技能或是阅读有关制造业的新闻,对于这些他们都很容易给出"可以"这个答案。(当别人针对你做的事情有所议论时,你的经理将不会有任何顾虑。)你可以很直接地说:

◇ "当我处在工作空闲期时,我是不是可以在上班时间阅读一些管理类的博客,学一些JAVA教程,或是学习专业期刊的相关内容?"

相较于花大量时间在社交媒体或手机游戏上,以上是一些更好的选项,而且,大多数的经理都会对你刮目相看。

1.6 你想承担更多的责任

如果你对自己胜任当前的工作岗位职责充满自信,想在工作中承担更多的责任,且你对自己想去承担的工作任务有具体的了解,那么你会获得走向成功的最好机会。你想获得更多的管理经验,还是想大幅度改变你所在公司的社交媒体现状?或是建立一个公司范围内的社区志愿服务计划?不管是什么,仔细把维持该项目运转的每个细节想明白(最好能将其与你现有的职责结合起来),然后可以以这样的方式来交流:

◇ "我对招聘工作很感兴趣,我想知道您是否愿意让我在部门招聘工作中承担更多的工作任务。我非常热衷于做筛选简历或做初级岗位第一轮电话面试的工作。另外,现在我们部门已经能够自动生成月度信息报告,我想我有足够的时间承担这项工作任务。这个新调整我们可以试试吗?"

◇ "上个月,当您外出时,我组织了对两名新员工的培训,我非常喜欢提出和回答问题的过程。今后,我想在培训领域有更深入的接触与学习的机会。您是否愿意让我在培训上做更多的尝试,或许可以在您顾不过来时,我可以帮您搭把手?"

如果你的经理说"不",那就问他将来是否有转向这个方向的可能性,千万别不好意思。比如说:

◇ "这真是一个我非常感兴趣的领域。我很想听听您的建议,未来几个月我该做些什么,才能为我将来朝这个领域发展奠定基础。"

十 非情绪沟通

ASK A MANAGER

怎么告诉你的经理
"我知道怎么做好工作"

读者来信:

我在一所大学的行政办公室已经工作一年半了。我们每月免费提供两次商业咨询服务。负责这个服务项目的女士每个月都会告诉我,如何处理需要咨询的客户。这是一些很简单的事情,比如,复印表格,检查列表,等等。她不断强调该怎样去做这些简单的事情。我觉得是在侮辱我的智商。她的年龄有些大了(60~70岁),而我比较年轻(25岁)。我该怎样友好地和她说:"我知道这些工作应该怎么干。"我觉得,她对待我的方式就如同对待一个小孩。

你可以这样说:"我注意到,每次干这项工作的时候,你都会和我一起仔细核对,这让我想知道,是不是我犯过错误,或没有按正确的方式来工作?"说这些话的时候,不要用很狂的语调,而应抱着一种真诚而略显担心的态度。

这可能足以让她明白,你已经掌握了相应的工作技巧,不需要她每次都重复地教你。或者,你可能会发现,她其实对某些你没意识到的工作细节感到担心,而她没有正面提出过这些问题。

一般来说,处理类似事情都可以套用类似方式。如果有人总以一种居高临下或不信任的方式对待你,或是对你进行不恰当的微管理,那么,你对事情可能造成的后果表示真诚的担心,并对正在发生的事情进行探讨,这将是一种直接又不激进的最佳方式。

不过,如果这种方式对她不起作用,那么你可以试着说:"在这项工作上,我真的已经很好地掌握了工作技巧,而且我觉得你没有必要浪费如此宝贵的时间和我一起进行审核。我现在是否可以把它拿走,当我遇到问题时再来找你一起检查,这样可行吗?"

如果这样对她还不起作用……那么好吧,既然她对这个项目如此神经质,你就接受现实吧。况且,你每月得到的这些非常基础的工作指导,也就两次而已。

1.7 你确信某项工作的截止时间不合理

如果你发现,自己负责的某项工作的截止时间看起来不大合理,那么和你的经理直接说出来!通过与经理直接交流,你很可能发现,这个截止时间并不像看起来那么不可变通;或者你的经理在听说了存在的问题后,他会更愿意将这个期限往后推一推;或者你也可能发现,使用你认为不能用的、便捷的工作方法也行得通;或者这真的是整个项目中必须按时完成的特殊任务。

向经理解释你能做些什么,并提供加速推进该任务的其他选项，是开启此类对话的最佳方式。比如说：

◇ "在三天内，我能做出一个完整的模型，但我没有时间对它进行测试。我可以在周一之前完成模型测试，这个时间可行吗？"

◇ "如果在周四之前完成这个任务，我需要把其他的工作安排都往后推推。这意味着直到下周，我才能完成 X 和 Y 任务，这样可行吗？"

如果你的经理对你说"不"，你仍必须在原来的截止时间前干完，且无法进行任何调整，也不能把其他工作往后推，那这个时候你该怎么办？如果你真的确信你无法在这个截止时间前完成，那么用以下方式说：

◇ "我听您说了，按时完成这个任务有多么重要！我将尽力完成，但我想开诚布公地对您说，我对任务中 X 和 Y 要素感到担忧，这两个要素意味着要花费更多的时间。在接下来的 24 个小时，我将全力以赴推动它，到时，进展到哪个程度，我将及时和您汇报。"

1.8 你的工作任务太重了

通常，当人们被太大的工作量压垮时，他们总以为经理知道他们具体的工作量。然而，现实往往是，没有人和你自己一样关注你的工作量。很多经理以为，如果某位员工的工作量超负荷了，他们会讲出来。因此，如果员工都没有和他说，那就意味着一切都很正常。

过去，我花了巨大的心思去诱导自己的某位员工分享这个信息——他带领的整个团队已经连续很多个月工作量超负荷了（并且积压了大量未完成的工作）。他没有直接地提出来，因为按他理解，如果我不断地给他们分配新项目，就说明公司肯定期望着他们能以某种方法完成这些项目。我真是被吓坏了，一周内就大大地减少了该团队的工作量。在我把他从工作堆中拖出来之前，他甚至都没有打算和我提这件事！

因此，如果你的工作任务太重了，就直接和你的经理说出来。理想情况下，你应该提一些不同的建议来调节工作量。比如：

◇ "我可以完成A和B任务，但无法兼顾C任务。如果在这个时候，C任务非常重要，我可以将A任务拿掉，为C任务空出时间和精力。或者，如果拉维尼娅愿意接受C任务，我可以为她提供咨询。我自己在推进A和B任务时，真的没有精力亲自去完成C任务了。"

一般来说，一位成熟的经理听到这些话后，会和你讨论不同的工作分配方案。不过，如果你的经理拒绝做出任何调整和改变，那么你要这么说：

◇ "我听说我们想要把这几项任务都搞定。然而，事实上，我真是没有时间和精力同时去完成它们，更不要说保持这些任务间的平衡；我想确定几项任务的轻重缓急顺序，并将精力集中在最重要的事情上。否则我很担心，那些没有完成的任务却恰巧是最重要的。"

如果你被工作量压垮了而不知所措，甚至都无法向经理提

出其他更好的方案,你依然可以尝试和他谈谈。在这种情况下,诚实地说:

◇ "我发现我承担的工作太多了,而且努力想把每项任务都做好的压力快把我折磨疯了。我非常担心这种情况会影响到我的工作。我们能不能看看我的工作量,然后找出轻松处理这些工作并提高工作效率的方法?"

1.9 你将错过某个任务的截止日期

如果你即将错过某项工作任务的截止日期,你要做的最重要的事情是,尽快地直接说出来。不要等到截止日期的最后一刻,当然更不要拖到这个日期之后。你向你的经理指明这一点的时间越晚,沟通的难度就会越大——因为越是接近最终期限,你的经理所能做的选择就越少。如果你提前告知,他将有较为宽裕的时间。在这种情况下,或许他能给你提供额外的帮助,包括对其他的重要工作安排进行调整,并提醒其他将要受到影响的人。

一旦意识到自己无法在截止日期之前完成工作,就这样说:

◇ "我担心自己可能在截止日期之前没法完成那篇关于恐龙爱好者的文章。针对这项课题,我刚刚完成研究,并准备开始起草论文,可这周都快结束了。我明天还要开一整天的战略研究会议,并要跟进后续的落实情况。"

然后,如果可能的话,建议你这么说:

◇ "我肯定可以在下周二前完成这项任务,但这比我们之前讨论的时间晚了两天。如果可能的话，我直接不参加明天的会议，尽管我知道这并不是一个好主意。您觉得怎么安排最为合理呢？"

1.10 你已经错过了截止日期

如果你没有提前告知你的经理——自己可能会错过截止日期，并且，你现在已经错过了这个日期，应该怎么办呢？

这其实是一个相当严重的错误了，因此你得明确你已经认识到这个错误。你的经理不仅担心项目的进展情况，而且也担心将来是否可以依靠你再开展某些工作。因此，你要和经理直接说明，以后你会非常注意时间节点，会表现得与此次有所不同，而且这种情况不会再发生。这一点非常重要。比如：

◇ "非常抱歉，我提交这项任务的时间点有些晚了。我原以为我可以准时完成，但我没能精确地估计要花多长时间才能完成。我应该提前与您交流，而且我确信下回我一定会这么做的。从现在开始，我还将花费更多的时间研究这类项目，以便在某项任务比我预期的难度更大、花费时间更长时，我能做好准备。"

第二章

获取上级的反馈

2.1 向经理要一个工作反馈

没有经理絮絮叨叨的指导与批评,你终于可以平静地做好工作了,这听起来似乎很不错。然而,在现实中,这可能是一种非常糟糕的情况。退一万步说,你的经理没有对你的工作业绩进行反馈,这意味着你不知道你的工作过程中是否存在问题,或是否存在更好的方法来完成工作。这将影响到你手头已完成的或未完成的工作任务,以及你的职场声誉。最糟糕的是,这也意味着,你的经理其实非常担忧你的工作,而你却不知道这个情况,直至最后也没有机会再弥补。

因此,相信我,只要你有一位像样的经理,你一定要向他了解他对你的工作的反馈。(事实上,即使你的领导并不靠谱,了解他对你的工作的判断也依然十分有用。)

然而,如果你的经理并没有给你太多的反馈,怎么办?

说来奇怪,很多经理都不反馈,即使这本是其工作的关键职责。然而,如果你想得到关于你自己工作情况的反馈,很多经理也是乐意告诉你的。你可以这样说:

◇ "我非常重视关于我的工作情况的反馈,据此我可以做得更好些。关于公司整体发展的方向及我如何能更有效地融入公司、更好地发挥我的个人价值,您愿意和我分享您的想法吗?"

如果你得到的回应是模糊的或无所裨益的(比如,他回复你,"所有事情都正常"),你可以试着这样问:

◇ "如果我想选择在某个方向或领域持续努力,您觉得我该重点关注哪个领域?"

如果你的经理试图给你一个宏观性的工作绩效反馈,看看是否能得到关于某一项工作的具体反馈。将话题引到你最近一项工作的执行情况,并深入探讨自己工作上的某个具体要素。比如说:

◇ "您能和我说说这场比赛是如何进行的吗?或许我们还有其他不同的方式,可以取得更好的比赛结果?"

◇ "我并不是很确定我现在使用的这个框架是效果最好的,或者我可以给您从头到尾演练一遍,您提提意见,看看怎样做能强化它的效果?"

◇ "关于明天学校的董事会,我能和您说说,我是怎样设计会议方案的吗?希望您看后,能给我提提意见。"

ASK A MANAGER

读者来信:

我想分享一下我自己的情况。当时,我正从事毕业后的第一份全职工作,有一次,我终于鼓起勇气和我那位沉默寡言的经理进行交流，询问他对我的工作情况的反馈。那次交流的效果一直延续到现在！他对我的反馈比我想象中的更消极，我对此是非常震惊的。当时刚好我读到您写的文章《如何优雅地接受批评》，于是，与他交流时，我放下骄傲姿态并详细地询问了还需改进的细节……现在，我对工作感觉更得心应手了，因为我清楚地知道哪个环节我需要改进，而不需要去猜测我的工作是做得好或者糟糕。另外，从那时开始，我的经理真的对我好多了！能得到这种反馈对我的帮助真的非常大，因为那些我曾暗暗担心的事情显然并不在危险地带——我可以自主地制订职业发展计划！我认为这是所有事情的一个重要起点。

2.2 及时了解经理的反馈，千万别等到把工作搞砸之后

定期地询问你的经理对你的工作的反馈情况是一种非常好的习惯。有时候，当你的某项工作经过数个月累积已经演变成一个影响重大的问题时，你才如梦方醒，这非常糟糕。那些总是不对员工的工作表现给予及时反馈的经理们经常会使小问题恶化。在这种情况下，事情往往已经十分棘手了。

如果这种情况曾经发生在你身上，那么在今后的工作中，你要持续地、及时地要求上级经理对你的工作进行反馈！当然，你不要用防守性态度来处理这种情况，你可用以下方式：

◇ "我非常感激您让我知道这种情况已经成为一个问题了。将来如果还有这样的情况发生，能不能早些时候告诉我？当我知道您的担忧所在之后，我将非常明确地知道工作的重

点方向，并马上改进。"

某种程度上，这种对话是有效的。经理们拖延给予批评性反馈的原因通常是他们不愿意惹恼别人，或不愿意与员工开展这样一场尴尬的谈话。如果你很明确地表示，你想与经理开展这样一场谈话，这可以帮助他们抛开犹豫不决的情绪。

2.3 你不认同你的经理的反馈

一般而言，你的经理负责对你的工作进行评估。不过，有时候，你可以通过提供额外信息的方式改变他的主观意见，或者你可能会强烈地感觉到有另外一种观点也值得认真思考。

当这种情况发生时，最佳思路是："我当然明白您的意思。但我把这项工作想得更像 X——那样不对吗？"例如，虽然你的经理担心你总是不能及时回应同事，但你理解他其实更想让你优先考虑回复客户的电话，你可以这样说：

◇ "我当然明白您刚才所说的话。我当时想的是，回复客户的电话是最紧急的事情，这就意味着，有时候我会延迟回应公司内部的相关工作。这难道不是正确的方法吗？"

这里的关键点是，不要直接反驳你的经理的观点；你只是简单地分享自己的想法，并以真正开放的姿态，来和他讨论这种情况是否可用不同的方式处理。了解你的观点之后，你的经理可能也会改变他之前的评判。当然，你不要指望每次都能推翻你收到的反馈。如果这种情况出现了，这表示你和你的经理之间可能存在一些不可调和的分歧。他看待你的工作的方式可能有问题，而你可能需要思考这份工作、这个经理是不是最合适的。

2.4 当你的经理制约了你的工作进度

如果你的经理的角色在你的工作流程中造成了一定的制约——由于他在发布工作指令或批准执行方面的滞后，影响了你的工作进度，而他可能没有意识到自己的行为给你带来了问题。

在谈话之初，你可以指出制约某项工作进度的问题，并询问你是否可以用不同方式来推动工作更快地向前发展。比如说：

◇ "我知道有大量的工作都需要您去审核，或者，我能以某种特别的方式让您更快地注意到我吗？最近，我几乎错过了好几项工作的截止日期，都是由于编辑及批准的进度太慢而被耽误了。如果我把打印好的文件带到会议上，您可以在现场看一下，这样会不会更好操作一些？或者有其他的事情，我可以自己推进吗？"

注意，这种表达方法并不是抱怨，他没有足够快地回应你的需求。这只是在说："帮帮我，我真的想弄清楚，我是否能做些什么事情，可以为我们俩创造一种更好的交流机制。"

当第一次将完成的工作任务提交给经理时，为防止这个问题的发生，你可以这样说：

◇ "为了在打印室给这本书安排的最后期限之前将文件提交给他们，我需要您在周二之前完成对它的审核编辑。"

如果到周一，你还没收到任何回复，你可以这样说：

◇ "我想提醒您，为了不错过打印室安排的打印时间，您对这项工作的审核编辑能否在明天完成？"

如果这些话你已经都说过了，而现状依旧没有什么改变，那可能是你的经理确实需要优先考虑更多、更迫切的工作任务。如果是这种情况，你可以试着把话题转移到别的事情上，比如这样说：

◇ "我知道，您想从无数其他的优先事项中挤出时间来审核这篇评论，而您不是总能如您想的那么迅速地回过头来看这篇评论。我们是否应该接受现实，即有时这些事情会被推迟，而我们对此却没法做些什么？"

有时候，这种对话能够帮助你合理地降低自己的期望……并减轻你的思想负担——纠结于弄清楚如何从他那获得一些他实际上无法给你的支持，实在太有压力。

2.5 你的经理总是开会迟到

如果你特意留出时间和你的经理会谈，为此你还缩减了其他会议、项目的时间，而你一直等啊等啊……这真是让人太沮丧了。这样看来，似乎你的经理并没有重视你的时间。有时候这种猜测确实是真的，但在大多数情况下，你的经理可能是在苦思冥想应付市场各种竞争的良策，或是尽力在处理一些意外的、临时性的问题。有时候，只要记住一点，就能让事情发生时更容易处理。

当这种情况连续发生时，你这样说可能是有意义的：

◇ "我知道您非常忙，而且经常在我们约定的时间被一些事情缠住。不知道您是否能空出一段时间来更好地安排这些会谈，从而避免这种临时被打断的情况发生。"

◇ "当我们安排好时间约见，而您最终又被其他事情缠得无法脱身时，我最好做些什么呢？您认为，我是试着去找您，还是等十分钟后再给您写邮件重新安排我们见面的时间？"

如果这并不是"一对一"的讨论，而是你的整个团队都集中在一起等他，可以考虑这样说：

◇ "我知道您真的非常忙，总在我们开会前一分钟被其他的事情缠得脱不开身。如果我们其余的人先开始这个会议，您忙完后再参加会议，您觉得这样是否可行？"

2.6 你的经理总是取消会议

和某个经常迟到的经理一样，一个总是取消会议的经理可能也总有正当的理由。不过，这并不意味着你的工作不会受影响。出现这种情况时，你也可以直接提出来。实际上，你的经理可能会感激你直接提出来，因为他可能并不了解，这已经给你带来了问题。如果你觉得这很荒谬的话，可以想想那些总是抱怨要参加各种会议的人们。因此，当你的经理取消掉你的会议时，他可能没想到你真的会介意。

因此，你要做的事情是明确地告诉他，你想通过哪种方式使自己的会议正常进行。你可以这样说：

◇ "我知道您真的非常忙，而总有事情阻碍我们正常开会，但对我来说，能够定期和您一起讨论项目的进展情况，得到您的相关指示，这非常重要。我们能否安排不会被打断的会谈来交流一下？或者我们可以试着简短点，无论任何时间，只要您有空，我们就进行一次即兴的会议？"

不要低估最后的建议！曾经，我有一位经理，他总是将每天的日程安排得非常满，这使他因不断取消会议而声名狼藉。当时，为了推动我手头的项目，我真是需要与他碰面，因此我告诉他，无论何时，只要他愿意，我都会非常高兴地尾随着他，我一点不在乎我们在哪里开会。他真的把我带上了——有两次，当他理发的时候，我们便在一家美发沙龙召开了会议——于是我得到了我需要的支持和工作指示。

2.7 你的经理总是不回复你的邮件

如果你给经理写邮件，但每次都如石沉大海，这可能是你的经理的问题……或者问题可能出在你写邮件的方式上。

改变写邮件的方式更容易，因此先来解决这个问题。确保你的信息尽可能简短，从想要的结果入手（不要在文档中写很多个段落来解决问题），而且要有一个非常明确的标题（"我能否确认6月10日为庆祝日"比"庆祝日"要明确得多）。另外，想要让你的经理更迅速地回复，可以通过提出解决方案、提

出是 / 否之类的问题及其他诸如此类的方法,让他容易回复"是的,听起来是个好主意"或者"让我们选方案二"之类的话。

然而,如果你尝试了所有办法而依旧没有得到任何回应,那么你得和经理谈谈,并询问是否有更好的方法来获得他的回应:

◇ "当我需要得到您的指示或支持时,我倾向用写邮件的方式来告诉您。按我理解,这样您可以在更方便的时候回复我,而且邮件可以将所需的信息全部呈现在您面前。然而,我发现这种方式总是很难得到回复。我想知道,当我的工作有问题或需要您快速决策的时候,您愿意我用别的方式来和您交流吗?"

你可能得知,你的经理更倾向于你亲自找他交谈或是给他打电话(对于电子邮件达人来说,这让人很厌烦,但他确实有这种特权)。或者你可能得知,他想让你在没有收到回复的情况下,与他直接联系(如果他这样说,相信他,并且开始这样做吧,即使你觉得这样很尴尬)。

ASK A MANAGER

我的经理总将我排除在重要会议之外

读者来信:

我需要去和我的经理谈谈——最近公司召开了一些战略性会

第二章 获取上级的反馈 十

议,连我的团队成员们都参加了,而我仍像往常一样被排除在会议之外。

我有一位同事,她职级只比我高一点,她不止一次提到,她与经理之间开展过涉及团队及整个公司战略目标的会议。每次,我都在想:等等,这个会议是什么时候召开的?为什么我没有收到通知?

我开始担心这是不是存在非常重要的原因。我的经理不喜欢我或是他认为我工作得够好了?我觉得他挺喜欢我的。我已经独立地带了几个项目。后来,当我需要一封推荐信时,他很高兴地答应了,并且写了一封热情洋溢的、关于我的工作情况的信。同样地,当对我进行年中绩效考评时,我也获得了我有史以来最好的成绩。

我想和他谈谈,关于我没有被通知参加公司重要会议的感受。我想知道原因所在,如果这是因为我给大家留下不愿意参加会议的印象,我能马上改掉。您的想法呢?

直接告诉他!

你可以这样说:"佩内洛普经常和我提到,您和她交流过我们团队的战略目标和公司的长期愿景,我特别希望能参与到这样的谈话中。我知道,这些话题是自然而然地谈起来的,但以后,在你觉得行得通的情况下,我很希望能加入这类谈话。"

如果以上这种回答符合你的对话情境,你还可以询问:"或者我能提供一些不同的角度,可以让我更深入地参与到这些讨论中去吗?"

十 非情绪沟通

  这让我想到：这可能并不是你做错事情了，而是你的同事的工作方式最为合适。或许她主动向你的经理发起这些战略性的对话和志愿服务项目，这使她能用这种方式将她自己的工作更好地呈现在经理面前，而你没有。换句话说，这可能并不是你的经理故意地把你排除在会议之外，而是你的同事主动把自己放进去了。如果是这种情况，你可能也要寻找这样的工作方法。

  实际上，如果你与同事之间有良好的关系，那么，你可以直接和她交流。你可以这样说："我注意到你和经理经常交流。我也很想和他进行这种对话，但出于某种原因，这样的对话一次也没有过。你是否能介绍下你们这样的交流是怎么发生的？这样我就知道我可以做些什么了。"你可能收到的回复是，"噢，我只是问问他"。

第三章

说服上级修正他的管理方式

十 非情绪沟通

3.1 你的经理总对你大喊大叫

真心希望你的整个职业生涯中,不会遇到某位经理对你大喊大叫的情形。大喊大叫是不职业且带有恶意的。一位好的经理不会这么做。

然而,如果你的经理真是这样的人,那么你要做的第一件事是放平心态,不要把它当回事。大喊大叫是对方的行为,与你无关。

其次,直接告诉你的经理,说话时不要用这种方式。你这样做是完全合理的。你只是签约了一份工作,而他并没有资格恶意侮辱你,而且你可以直接说:"嘿,你这样说话,我接受不了。"

因为这些大喊大叫的人普遍都有自卑情节,所以,说一些积极的事情——这将为"我喜欢你,而且我也想做好这份工作"奠定基础,对开展一场这样的对话是有帮助的。从这之后,可以直接要求他停止这样做。比如:

◇ "我真的喜欢我的工作,而且我也喜欢为您工作。不过,当您以大喊大叫的方式对我的工作进行反馈时,我觉得我很难接受,因为这并不是我想要的工作反馈。我干这份工作,我也很重视这份工作,但我真的不想被人这样训斥。"

这些大喊大叫的人是让人生畏的,用这种交流方式,可能会令人有点神经紧张。不过,在情绪爆发之后,他们也会感到尴尬，他们也知道这样做其实不好。实际上，用直接和坚定的态度对他明说，会使这些大喊大叫的人更加尊重你。

3.2 你的经理总是对你指手画脚

如果你的经理认为，不对你进行持续的监督和指导的话，你无法独立地完成工作——你可能会挺沮丧的。

了解这一点对你是有帮助的，即大多数对你事无巨细都要指手画脚的经理，这么做的原因都是出于以下两点：① 你给了他这么做的理由，比如你曾在工作中犯错，忘记了某些细节，或者工作质量达不到应该的标准；② 除了不恰当地介入你的工作进程，他们缺少监督与指导你的工作的相应管理技巧。

如果你的情况属于第一种原因，即一切都是因为你做得不够好，那么你就应该更加专注于展示一个持续改进的、更好的职场表现。用一种更好的表达方式来说："你需要拿出你的行动来。"

然而，如果你的情况属于第二种原因，即你的经理这么做只是因为他似乎不知道如何对你进行管理。在这种情况下，你有理由向他要更多的工作自主权。

你需要提出替代的方法，确保他能随时掌握与工作有关的信息。

◇ "我希望我们能谈谈关于我手头项目的工作模式。我注意到，当我工作的时候，您喜欢我向您汇报大量的细节。不但每天要汇报，且在项目推进的每个阶段都要汇报；有时候在给我分配工作任务之后，您又拿回去。如果您对我的工作能力感到担忧,并准备用这种方式管理我,那我特别想知道,我要解决自身的什么问题才能让您放心?

然而,如果您并不感到担忧,而且您也认为我的工作一直推进得不错,那么我想知道我们是否可以重新审视我们对这个项目的监督方式。特别是,我想建议,每周我给您发一份我手头核心项目的进展情况,这样我们便可以每周对项目进行审核,以确保大家对工作进展的认知是一致的。"

你也可以提出一些你想独立运营管理的具体事项,比如说:

◇ "对于解决我所任教的班级里出现的日常问题,我已经积累了很多经验,总结了许多方法。在学生与家长之间建立了良好的口碑。因此我想,除了有特别的事情或有学生特别关注的事情之外,我是否可以自主地推进那些日常工作?"

3.3 你想对新工作职责说"不"

如果你被要求去承担一些自己真不愿意接手的新工作职责,那么对于是否把它推回去这个问题,你应该考虑以下几个不同的因素:你的经理对你的新角色的期待与要求的合理程度;你手头还有多少工作量(如果你正被其他的工作压得喘不过气,这比你手头有空余时间时更容易推掉新工作);你与经理的关系(你的职场价值和你所建立的职场好感度)。

如果这些因素对你推掉新工作职责是有利的,试着直接说出来。根据不同的情况下,本书将提供一些不同的方式:

◇ "根据我手头的工作量来说,我有点担心我是否合适去承接这项新工作。现在，我正全身心地忙着 X、Y 和 Z，我不确定再加上这项工作是否可行。"

◇ "老实说，我不确定自己是不是这个角色的最佳人选。这项工作需要在 C 和 D 领域具有相应的工作技能，坦白地讲，那都不是我的强项。您是否愿意让对这项工作感兴趣的其他人来承接，让我继续集中精力做好我认为自己做得不错的 A 和 B 任务？"

◇ "我想提前和您交流，之所以这项工作要让别人接手，是因为它不涉及 X 细节。我当然愿意在紧要关头帮忙，但我真的担心这将永远成为我的工作责任，而它与我真正想做的事情相差甚远。"

◇ "这项新工作使我的责任和压力大大地增加了！如果您打算将它设置成为我的工作岗位的永久性工作职责，为充分体现出这一点，或许我们该重新审视一下我的职位和报酬。"

最终，你的经理有权力对你的工作进行分配，他可以说："抱歉，这就是你工作的一部分。"因此，在进行这场对话时，你的语调应该表明"我希望我们以不同的方式来解决这个困难"，而非"我是不会按你的要求去做的"。

如果事实证明你的经理不肯让步，那么你需要重新考虑自己的决定，在这些新条件下你是否仍然想要这份工作……当然，你还是应该试着先看看是否还有其他可变通的方法。

十 非情绪沟通

ASK A MANAGER

不给我加薪或升职，
我可以拒绝额外的工作吗？

读者来信：

在我没得到加薪或升职的前提下，我能否拒绝额外的工作任务呢？如果能，要怎样专业地拒绝呢？

背景：我已经在同一个岗位工作了将近4年。在这4年里，经理多次许诺给我加薪（使我的待遇提升至行业平均水平），但最终都因为"预算原因"而没有兑现。

在过去的7个月里，我们的管理团队成员已经从4个人缩减成2个而如今，另外一个人也刚刚提出了离职。我的经理已经告诉他，要他将所有的工作资料交接给我，但经理还没开口和我谈。我真是快要被工作压垮了，而工资又太低！除非公司给我升职或加薪，否则我真是不愿意承受这种压力。我应该怎样拒绝这种职责之外的工作，而又不会因为不服从上级命令而被解雇？

当然，如果你简单地说"给我支付多一点的工资，否则我不会做的"，那你可能会听到"对不起，但现在，这就是你工作职责的一部分"……然后，他的潜台词是"要么接受,要么离开"。不过，有一个更好的方法来解决这个问题。当然，我无法确保百分之百有效,但这肯定是一种合理而专业的方式。

和你的经理面谈时,可以这样说:

"我担心,需要我处理的工作量越来越大。我们的管理团队已经从4个人减为2人,而且即将只剩一个人。那些曾由其他人共同完成的工作,都将由我一个人来应对。在这一点上,我的工作量已经非常满了,要把我现在负责的所有事情都处理好,对我而言已经成为一个真正的挑战了。我可以在短期内提供帮助,但这种情况已经持续了好几个月,而且看起来还会继续,甚至可能会变得更糟。您知道,这意味着很大的压力和责任。虽然我愿意继续帮忙,但我想重新考虑我的头衔和薪酬。以我目前的收入水平,继续增加工作量是不合理的。我的收入仍然保持在4年前的水平,即使过去我多次被告知加薪,但都没有实现。或许,我们能不能做些改变,使我的收入和职级能够反映出我的工作量?"

做好准备,你的经理会问你想要什么水平的薪酬;这其实意味着你事先要研究和思考好这个问题。只有这样你的回答才会很实际,不会太低或太高。说完后,听听你的经理会说些什么。如果他同意了,那么最人的问题就解决了……虽然这次加薪真的实现了,但在你们的这场交谈之后,你还是要写一封邮件,总结你们商议的内容并为这次加薪设定一个期限,使之真实有效。如果在你设想的时间期限内,这次加薪还没有实现,你可以再快速地返回到谈话的起点。

然而,如果他犹犹豫豫,你可以说:"我理解您不能立即就做出决定,但我真地想知道,如何快速地实现这次调整,因为这种工作状况已经持续一段时间了。我能在一周内再联系您吗？我们都再考虑一下。"

如果他说，在现有条件下你的请求无法被批准，工作又必须完成。你所在的公司并不计划给你升职或加薪，而且他们也不会改变给你分配的工作量。

那时，你需要重新决定在现有条件（薪水、头衔、工作量）下，你是想继续维持这份工作，还是更愿意找别的工作。然而，只要你在这家公司待一天，可能就需要完成被分配的工作……至少，你不能断然地拒绝。

然而，非常重要的一点是，你可以这样说："在每周40小时的工作时间里（或者45小时，或者，你所在行业的工作时间标准），我可以完成X、Y和Z任务。给我增加新的工作任务A、B和C这意味着A、B和C任务将会被暂缓，直到我有时间完成它们，这也将是我长期面临的情况。"如果你将自己的职责排在优先位置，那么显然要好于说："不，我拒绝接受A、B和C任务。"

同时，你当然可以考虑去找一份新工作……一旦你成功了，离职时你可以解释一下你这么做的原因。

3.4 你需要接受更多的培训

在很多时候，大家都期待能按自己的思路开展工作。然而，如果你正好处在一个矛盾点上，你就应该直接说出来，即你已经完成了自己能力范围之内的工作，而此时如果不接受额外的培训课程，你便无法再有其他的进展！除非你直接告诉你的经理，否则他可能没有意识到你需要这样的帮助。显然，与将来你因缺少培训而在工作上束手无策的麻烦相比，现在说出这种需求是更好的选项。

如果可能的话，试着去想想你需要什么类型的培训。这样，你与你的经理在进行交流时便有了具体的建议。无论是一门课程，还是有某项你想发展的技能，只要需要找人对你进行一对一辅导，就可以用以下方式提出来：

◇ "我发现我在 X 领域缺少过硬的基础，而这正是成功推进 Y 项目所需的重要技能。您是否愿意送我去参加 X 领域的培训课程？我发现这个课程似乎涵盖了所有的基本原理。"

或者，如果你需要接受培训的领域与公司的业务有直接联系，试着这样说：

◇ "我了解到，我这次所学习到的基础技能，可以应用到如何与社区领导们合作共事，如何处理（社区内的）一些敏感问题等事项上。我们是否可以在本周或在下周安排一个小时来回顾这段时间以来我遇到的问题，并对应该如何处理它们进行讨论？"

3.5 你的经理对你的期望不明确

让人惊讶的是，很多经理不善于告诉员工自己对员工的期望。这可能导致你对做好一个项目的标准一无所知，即使你的职场角色一直都扮演得非常好。

如果你发现你的经理没给你设定明确的期望，那就要找到方法让他试着描绘出他对你的期望。否则，你可能会将工作任

十 非情绪沟通

务的轻重缓急弄错,或者在推进项目时使用完全错误的方法,甚至忽视将要参与评估的工作的最核心部分。

你应该明白,从你的工作中去捕捉这些微妙的信息,并不是你的分内事;然而,现实就是这样,这是了解你的经理对你的期待的唯一方式。你这样做便能获得极大收获。

如果你的经理在分配工作时,总是不清晰地表明他真正想要什么,那你会发现,一旦你去提交你的工作成果时,总是会与他设想的完全不一样。遇到这种情况,你应该在他第一次向你分配任务时,试着直接说出来:

◇ "为了确保我的工作方向是正确的,我们能不能讨论一下,您对最终产品是如何设想的?是否有特别的因素,需要我明确地放到设计中,或者有哪些背景是我需要了解的?这个新项目与其他的项目,我应该优先安排哪个?"

如果你的经理对你岗位角色的总体期待很模糊,而并非你在某个具体项目中的角色,那么你可以开展一场宏观的讨论:

◇ "关于您对我的岗位角色的总体期待,我希望我们可以谈谈。有时候,您要求我将工作重点放在 X 项目上,对 Y 或 Z 项目不用太过操心。然而,在其他时候,Y 和 Z 反而成为您关注的焦点。我想和您确认一下——关于我应该怎样分配时间,以及对我的工作表现如何评估,我们的观点应该是一致的,对吗?这样,我的精力能更好地集中在正确的地方。目前,在工作岗位上,我遇到了一些优先次序有冲突的事项,我们能不能讨论一下,以确定我应该重点关注的领域。"

第三章 说服上级修正他的管理方式 十

ASK A MANAGER

如何反驳你的经理的意见

一位优秀的经理想听与自己观点不同的意见,因为他们确实想得到某项工作的最佳解决方案;当然,当你与自己的经理意见不一致时,你要尊敬地表达,而非以对立的态度。

以下是一些好的表达方式,能让你以非对立的态度来表达不一致的观点:

- ∝ "如果我们朝着那个方向努力,我会担心。"
- ∝ "我的看法有点不同,我认为……"
- ∝ "考虑 X,值得吗?"

确保你的观点对公司是有意义、有价值的,并花时间解释支撑你观点的设想(这些设想可能并没有如你自己想象得那么清晰)。

当然,做最终决定是你的经理的特权。如果你分享了你的观点,而他没有信服,那么有时候,假如还有一些附加的新信息,你可以试着再和他交流一次。(比如说,假如某个细节影响了你的思路,另外值得考虑的细节是……)最后,一般来说,你需要接受事实:他听取了你的意见而做了不一样的决定。

3.6 你的经理在优先次序或工作指示上自相矛盾

比起一个对你缺乏明确期望的经理,更糟糕的情况是,虽然你的经理今天对你有非常清晰的期望,但明天他又给你设定了一个完全不同的期望,而他希望你能读懂他的心思。

如果你的经理总是改变项目的计划而不告诉你,那么你要做的第一件事就是,经常性地约他对项目情况进行核对。比如说,如果你手头正在推进某个为期一个月的项目,那么要确保自己不只是在项目开始时和4周后项目终结时与他进行讨论。

当你推进项目时也要确认,可以用以下方式:

◇ "目前,X项目一切都进展顺利。同时,我依然要同时推进Y和Z项目,目前我正在努力准备,这样做对吗?或者我应该进行调整吗?"

你也可以试着说出问题,并就如何解决向你的经理征求建议:

◇ "我注意到项目中一些工作的优先等级顺序在不断地被调整,我总是不知道那是什么时候发生的。这导致我时常会以某种不是您认可的工作方式在推进项目,但我直至后来的进程才意识到这一点。当优先级发生变化时,您是否能找到一种合适的方法快速地告知我?如果能找到合适的方法,您就可以从我这里获得您需要的信息,而我也不需花费那么多时间在某些无谓的事情上。"

记住,你不是在责备你的经理,你只是冷静地观察到这种情况有时会发生,你是在寻找一个能帮助把工作做好的解决方案。你的注意力不应该放在因频繁变化而带给你的沮丧情绪上，而应该放在思考怎样驾驭这些变化上。

有时候，你可能因为与工作相关的原因（不仅仅是沮丧）而要求你的经理采取某个方法，使他停止不停地改变聚焦点。你可以这样说：

◇ "我知道，在我们选定最终方案之前，这种事情总会发生几次。我周四之后将外出办公，因此，在今天之后再做任何改变都非常困难。我们能坚定地执行这个方案吗？因为，只有很短的时间再进行调整了。"

如果你的经理因为你不理解他的想法而责备你，而且你也知道他在某些事情上已经改变了主意，那么试着冷静地向他解释你的想法。你可以这样说：

◇ "我当然喜欢用新的方法来完成工作，但我想让您知道，我之前并没有忽视您的指示。上周当我们讨论这个项目的时候，您同意做X，所以我一直按照这个前提在工作；现在我知道了您想让我完成Y，我一定会做出相应的调整。我只是想让您知道，为什么一开始我是在推进X。"

3.7 你的经理讲一些无礼的笑话

如果你的经理有讲无礼笑话的习惯，涉及种族歧视、性别歧视或其他不适当的话题，那么确实让人很难想到该怎样做出回应。毕竟，这是你的经理。然而，在通常情况下，直接说出来其实并没有你想象中的那么糟糕。

十 非情绪沟通

尽管恰当地处理这种情形取决于你的经理、你们的关系及你对形势的判断,但我还是预先为你提供了一些选项:

◇ 尖锐地忽视它。遇到这样的情况,你可以停顿下,显露出有点吃惊的表情,然后故意继续接上这个玩笑之前的对话。此时,你不需要说任何话,别人都能明白你的意思。

◇ 用"我没听懂"战略,这能应付任何人讲的观点狭隘的笑话。"我没明白您的意思,您能够解释一下吗?"大多数人很快会停下,而不是把这个"笑话"中带有偏见性的地方讲清楚。这也暗示,即便在将来,你也不是一个能接纳此类笑话的听众。

你也可以直接地大声说出来:

◇ "我真不喜欢那种笑话。"如果你想更好地转变话题,你可以再加上一些照顾对方面子的话,比如"我知道您刚才是在开玩笑,但我真的不喜欢那种笑话"。

◇ "您通常都那么彬彬有礼,我认为您应该知道,刚才您的评论真不符合您一贯的做派。"

◇ "我不觉得这很有趣。"

◇ "呃,请不要在我身边说这些话。"

◇ "我想和您说说,关于您之前讲的笑话。我知道您无意冒犯,但这真让我感到不舒服,因为这是在消遣女性和有色人种。"

我的经理认为他自己是一位玛雅巫师

读者来信:

大约七个月前,我开始在一家非营利机构做经济研究员。总体来说,我非常喜欢这份工作,喜欢我从事的工作内容且喜欢帮助别人。不过,这里却有一个很麻烦的问题:我的经理,即这个机构的创建人和负责人,总认为他自己是一个玛雅巫师。我不是在开玩笑。

他花了大量的金钱(有时是公司的钱)来投资他的"精神项目";最近,他也一直要求我做很特别的项目,比如比较不同文化背景下脉轮的颜色,以及从哪个角度盯着燃烧的蜡烛可以寻到圣迹。严肃地说,到目前为止我还能应付。只是他日益疯狂,再这样下去,我真的不知道该怎么办了。如果我告诉他与宗教无关的事情,他会说"黑暗已经降临于你";而且,当我再需要相关的工作信息时,他便会沉默不语,不提供任何支持。

我怎么办?我不想辞职,但这种情况马上要失控了。有一次,他在半夜的时候以他的"愿景"给我们发信息。后来,当我们有名员工怀孕时,他称呼这个孩子为"圣婴",还说这个孩子有四分之一的基因来自于他。我发誓,我不是在说谎。

十 非情绪沟通

我猜，巫师每天也得工作。

虽然他可以随意地相信自己是一名巫师，但他的精神信仰不应妨碍正常的工作。这里的问题是，他的精神信仰不但已经妨碍了正常工作，而且，很显然他在滥用研究所的各项资源。

不过，我怀疑，在这件事情上，你能做的事情有多少。他是你的经理、这家研究所的负责人，所有的事情最后还是他在发号施令。如果你真的想解决这个问题，你有两种选择：一是直接和他说；二是和董事会交流。

如果你直接和他交流，我建议这样说："珀西瓦尔我尊重你的信仰，但在工作时谈论信仰或者给我分配一些类似的工作任务，我感觉有点不舒服。是否有更合适的方法，让我们愉快地共事呢？"理想状态下，你应该和一些与你有相同感受的同事一起找他交流，而不是你自己单独去。毕竟，比起单独某个人的发声，他更难忽视一群人的声音。不过，不管怎样，这是合理的说法。

然而，这样会有效吗？我有点怀疑。这个家伙可是会说"黑暗已经降临于你"。换句话说，他可能不愿意就这些问题进行理性的探讨。

因此只剩下第二种选择了：和董事会进行交流。董事会是这个家伙的上级。想必董事会也想知道，这个经理人正浪费研究所的资源，并且员工们已被迫选择离开。

不过，这种交流……除非你强烈地关注着研究所的一切，而且想在解决这个问题上发挥积极的作用，否则你最好的选择就是离开。这种情况不大可能在一夜之间改变。如果你去找董事会，那研究所的氛围也会有些紧张，而且你真的信任这个家伙的领导能力吗，即使他的那些语言逐渐减少？我是说，如你的报告中所写，假如董事会下令禁止你的经理再出现那些语言，但你依然还在这家研究所工作，并依旧被这个人领导着，这种工作是你想要的吗？

鉴于这种情况，直接越过所有上述步骤，并开始着手离职，这也许才是最有意义的。

3.8 你的经理要求你做的事情存在道德问题

有时，我们都会被经理要求做一些自己并没有多大兴趣的工作。在很多时候，这都是工作的一部分。然而，当有些事情违背了你的道德理念，你应该直接说出来。你可以坦率地说出哪儿让你感觉不舒服，并解释由此可能产生的潜在后果，并建议以另一种工作方式来完成。

比如说，你的经理让你编造一些数据，你可以这样说：

◇ "输入这些我们明知不精确的数据，我感觉不大合适。我想，如果这样做，我们会陷入真正的麻烦之中，而且会给我们公司的信誉带来重大的打击。我想，我们可以在下周一之前获得正确的数据。我知道那是两天之后，但比起直接输入错误的信息，向公司董事会解释延迟的原因会让我心里舒坦些。"

如果这样说没有用，试着向具有更高权威的人寻求帮助，比如你经理的上级经理或其他具有更高权威的人：

◇ "我知道，对您来说，周一这个时间节点不理想，但我真的不想使用这些我们无法备份的数据。我们能和利亚一起讨论怎么继续推进吗?"

如果这也不管用,你觉得自己心理足够强大而愿意采取坚定的立场,你可以这样说:

◇ "我只是不喜欢那么做!我对这样开展工作感觉不太好。我知道这给您带来了不便,但我希望您能理解我的感受有多么强烈。"

3.9 你的经理想成为你的朋友,但你想保持职业界限

如果你的经理与你的关系,更像一对亲密的朋友而非上下级关系,比如和你分享很多个人信息,邀请你在工作之余出去闲逛等,那么这很可能会让你在工作的大部分时间里都觉得非常不舒服。

有时候,你可以警惕地维护自己的界限,而让这位过于友好的经理回到属于自己的位置。比如,委婉拒绝来自他的社交邀请,或者,当你们的对话转向私人性的话题,你提出要回复一个很紧迫的工作电话,诸如此类。

然而,如果你的暗示都不管用,那么你以友好且直言不讳的方式表明你想要的界限。你可以这样说:

◇ "如果我们没有一起工作,我很乐意接受您提出的一起参加文艺复兴作品展的邀请。然而,在之前,我和经理们成为朋友后,相处的模式很糟糕,于是我发誓在工作场合要有自己的界限,所以我没办法接受您的好意了!"

◇ "您很好说话,我意识到我们的谈话总是充满了私人话题。

过去,我和我的经理们成为朋友后,相处的模式很糟糕,因此我发誓要在保持职业界限上做得更好——我在试着避免再发生这种情况;现在向你解释清楚了,希望您不会再感到好奇了。"

ASK A MANAGER

我的经理一直偷走我的午餐

读者来信:

最近,我被调到一个新部门,一个全新的办公环境,有一位新的经理。每天吃午餐时,他主要吃快餐或者外卖。

我有严重的过敏症,对很多食物都过敏,而大多数加工食物中的化学物质都是过敏原。有些过敏反应,会使我的脸像气球膨胀般水肿,甚至会导致呼吸停止。绝大多数时候,我的午餐主要是自己在家准备好食物并带到公司。我的过敏症是公开的,所以大家都理解我是因为这样的疾病,而并非无礼才不与大家一起共进午餐的。然而,我的经理却不理解我。

他几乎每天都把我的午餐从冰箱里拿出来吃掉。于是,我便采取措施,都打好包,放到自己的办公桌里;然而,当我在开会或离开办公桌时,他竟然盯上了我的抽屉。我试图提出他偷我食物的事实,他则通过使劲恭维我的厨艺来讨好我。

有没有处理这种情况的办法,特别是不需要我直接越过他而向他的上级经理抱怨的策略?(同时,我们公司没有HR部门

十　非情绪沟通

可以寻求帮助）

你的经理要么是非常无礼，要么是有某种饮食强迫症的问题。或者这两者都有。

此时，你有两种选择：

1. 直接和他谈谈。

这种谈话并不是在路过他办公室时展开的那种即兴谈话，而是一场严肃的、双方都坐下来的正式谈话。你可以这样表达："吉姆，如您所知，我有非常严重的食物过敏症。当您吃掉我准备好的午餐时，那意味着我当天再也没法吃其他的东西，因为我无法用其他的食物来代替。因此，当您拿走我的午餐时，不夸张地说，这一整天我都不能吃东西了。和绝大多数人一样，当我饥饿的时候，我没法好好工作。我的身体健康角度来说，您必须停止吃我的午餐。"

如果他笑了，你直接再重复一遍："对我来说，这是一个医学问题。如果您继续拿走我的午餐，这将使我面临医学治疗的风险。我们该怎么解决这个问题呢？"

如果你和大多数人一样，那么与经理进行这样严厉的对话，你肯定也觉得不舒服。然而，当你面对这种严重违反常规的行为时，最好的选择通常是一则简单而直接的声明，即表明对方的行动需要停止。我不敢保证你们俩之间不会形成紧张的局面。不过，很显然你处于正确的立场，他明显做错了，所以很可能他会觉得难为情而自动退缩。

2. 把你的午餐锁起来。

你甚至可以用一个小型的带锁工具盒或那种人们用来存储

钱的上锁的箱子。那是只有用钥匙或是一连串数字密码才能打开的小设备。

然而，除非采用上述第二条实用建议，否则，在你告知他必须停止这样的行为之后，他可能依然在你的办公桌上偷走你的食物。总之，这个家伙有点不大正常。

3.10 你在工作上犯错了

在某些时候，我们每个人都会犯错误，这是我们每个人都会经历的过程。相信我，我自己也犯过很多错误，而且那些我曾为之提供过管理建议的、最优秀的人群，他们有时候也会犯错误。

重要的事情是，要知道，解决这个错误的途径比错误本身重要得多。

你在工作上犯错了，该如何告诉你的经理呢，这里有几项简单的准则：

1. 立即告诉你的经理刚才发生了什么。 不要因为害怕与他对话而延迟报告。延迟报告将会使事情变得更糟糕，因为在一定程度上这将传递的信息是：你更重视自己的心理舒适度而不是工作需要。

2. 对所发生的错误承担责任。 不要为自己找借口，也不要以自我防守姿态与经理交流。如果你表现得好像这并不是什么大事，或者你不会对这个错误负责，那么这将加重你的损失，因为从现在开始，你的经理将会担心：犯错误后你的那种漫不经心的态度，以及毫无责任心的表现。

3. 简要地解释这个错误是如何发生的。这点是非常重要的，因为你的经理不仅想知道相关的工作信息，他还特别想知道你是否认识到了发生错误的原因。如果你不知道这个错误是如何发生的，那下次可能还会再发生。

4. 解释你今后的工作计划，保证类似错误不会再发生。在大多数情况下，你的经理不会太在意你的计划中的具体细节；他只是想知道，你已经有这个计划了——你严肃认识到这个错误了，而且在将来的工作中将避免再次出现类似的情况。

因此，你的发言听起来应该是这样的：

◇ "我要向您汇报一件刚刚发生的新闻事件。今天早上，我意识到头条新闻中有个数字出错了。这是我的责任——我以为，在最终定稿、排版印刷之前，我完成了所有的事实核对，但我遗漏了这个数据。这周，我的精力被多个方向分散了，我跳过了新闻发布应有的程序，匆忙地完成了新闻报道的工作。目前，我正在起草一份由您发布的更正说明。同时，我也在做一份将来使用的新闻发布检查清单，以确保我今后将不会跳过任何步骤。如果这次我也这么做了，我想这个错误就不会发生。对此，我真的感到很抱歉！"

3.11 当你请假时，你的经理总是打听闲事

理想状态下，当你请求休假时，只要你还有累积未休的假期，而且这不会引起工作上严重的问题，你的经理就应该直接

给你批假。然而，有些经理在回复你的请假要求时，总会问你这一天用来干什么。

当你并不介意谈论这事的时候，这并不是什么大问题；然而，当你的休假计划是私人性的，比如你并不愿意讨论自己预约了某项医疗检查，这可能就成问题了。

大多数时候，经理们这么问，可能只是出于友好的态度；他们并不是想向你打听闲事，或者打扰你的假期，而是他们没有意识到这些问题会让你陷入尴尬的境地。正因为如此，如果这种情况只是发生了一两次，你最好求助于诸如此类的模糊答案：

"哦，只是有一项需要我注意的医疗检查。"

但如果你的经理总是这样做，你可以说：

◇ "我不知道您有没有意识到，每次我请假时，您总是会问我很多休假的细节。我知道，您只是在表达友好的关心，但我想提醒您，有时候，可能是某个我不想在其他人面前提及的医疗检查；或是某种我不想谈论的家庭情况。当然，如果您担心我是否合理地利用了我的假期，您可以直接和我交流；否则，我还是想提出建议，即在休假的时候，我们都有一定的个人隐私。"

第四章

提升自己的待遇水平

4.1 你想申请跨部门的工作岗位

大多数情况下,在你目前所在的公司内部申请一个工作岗位,比去外部找工作容易得多。因为你已经了解了这家公司的文化氛围、关键岗位,而且可能你对他们所招聘的岗位需求有很好的认知;同时,公司的决策层可能也了解你和你的工作表现。

不过,比较棘手的事情是,公司通常都会要求你要告诉你所在部门的经理:你正在应聘公司内部的某个岗位。这可能会促成一场尴尬的对话,因为我们绝大多数人更倾向于不告诉经理这类事情,直到我们真正要离职。然而,如果你发现自己处于这种情况之中,你可以这样说:

◇ "我真的很喜欢为这个团队工作,但X部门发布的职位信息让我非常感兴趣,以至于如果不去申请,我都不会原谅我自己。"

◇ "在这里工作我真是很开心,但我对从事X工作有浓厚的兴趣。我已经决定申请Y部门X岗位,我想提前和您交流一下这件事。"

4.2 你想申请加薪

人们通常认为，如果向公司提出加薪，需要附带很长的理由来解释。然而，在大多数时候，你根本不需要这么做！只要你的岗位工作一直做得很好，而且至少有一年时间没有调整薪水（或还是处于最初的薪水），就可以自然地提出加薪的申请。一般情况下，你可以简单地这样说：

◇ "我希望可以和您谈谈我的薪水问题。自从公司上次给我加薪，已经过去一年了，而且从那时候开始，我已经承担了不少的新职责。我接手了游戏测试和实习生项目。这几项工作的进展情况，您还曾经给过我不错的反馈。当遇到IT部门没有优先处理我们的请求时，我解决了我们遇到的IT问题；而且整个夏天，我还花了很多晚上和周末的时间进行加班，推进相关工作进程，以确保我们的活动顺利地进行。我希望我们可以谈谈关于给我加薪的事情，以表示对我所做的额外工作的肯定。"

要注意的是，这里并不是说你想要更多的钱，而是提醒你的经理那些一直以来你做得很好的具体细节。然而，与此同时，你也不是在列一个清单，表明过去12个月里你所做的每一项工作。你只要摘出一些代表性的亮点工作就可以了。

如你脑中对加薪有特定的数字，在谈话中你也可以将之加进去：

◇ "我希望可以将我的薪水提升至X。"

十 非情绪沟通

不过,这是可选的——如果你脑子里还没有某个特定数字,你也不需要说出来。

同样!不要只准备你在提出请求时说的话。要确保,当对方给你的答案是"不"时,你也是有所准备的。你不要垂头丧气地偷偷溜出去,而是可以这样说:

◇ "您能告诉我,将来我要怎么做才可以涨工资吗?那样我就明确地知道该做些什么了。"

这时候,一位好的经理肯定愿意和你进行这场对话了。

4.3 你的经理一直承诺给你加薪,但从来没有兑现

好消息是,你的经理已经答应将给你加薪;不太妙的消息是,那是好几个月以前的事了,你的薪水一直没有改变。那试着这样说:

◇ "当我们在两三个月前讨论我薪水的时候,您已经同意并认为我的工作值得加薪,当时您说会考虑给我加薪。我能问一下,现在进展到哪个步骤了吗?"

如果你经理的答案是含糊的(类似"是的,这正在我需要处理的清单上"),你可以接着说:

◇ "显然,我真的很期待这件事能变成现实。我能在一两周后再和您确认吗?"

如果没有其他的回复,那么他就是在搪塞你——真正给你加薪离你设想的时间进度表有很大差距。你也可以这样询问:

◇ "你觉得可能的时间是什么时候?"

如果你有过好几次这样的对话而没有任何结果,那么在这次对话之后相当长的一段时间之后(比如是五个月,而并非两周),你的加薪要求估计都很难落实。这种情况下,你可以这样说:

◇ "我知道,讨论给我加薪的话题已经有一段时间了;薪水能直接反映出我对公司所做的持续贡献,这一点对我来说非常重要。您能不能帮助我更好地了解到,这次到底应该怎么做才能给我加薪,以及我应该期待的时间范围是多少?"

真希望你能从你的经理那得到一个具体的回复。不过,如果没有……好吧,你可能是被骗了。这并不一定是你的经理想欺骗你——不过,如果好几个月都没有得到回复或者只是含糊的答案,你的意图可能就很难落实了。在这个时候,如果这次加薪真的落空了,那么你就必须决定,是找其他的理由来说服自己安心于当前的这份工作,还是考虑跳槽。

4.4 你发现你的收入远低于同等资历的同事

有时尽管你对自己现在的薪酬感觉满意,但当你发现某位同事与你干相同的工作,却拿着比自己高得多的收入时,你肯定会觉得自己仿佛被打了一记耳光。

面对这种情况,这些年来,我的建议也在不断地发生变化。过去,我曾经告诉人们,要用了解到的这类信息作为背景,去支持你的加薪申请,但不要明确地引用你同事的薪水作为证据。

十 非情绪沟通

我曾经也指出，有各种各样的原因会导致你的同事的薪水远高于你，比如说，当他应聘时，就业市场正好非常紧俏；或者他有特定的学历或某项技能正是公司所重视的；或者他在入职谈判时，就约定了较高的薪酬水平。

然而，近年来，人们对工资差异如此关注，以至于我觉得我的建议都已经过时了。

目前，如果你发现，与你从事同一类工作的同事，他的薪水比你的高得多，而且并没有明显的原因支撑这种差异（比如他的职场表现比你的好得多，或是他应对过特别棘手的案例并取得了成功），那么当你申请加薪时，提到这些你所了解的信息可能更能支持你。

在大多数情况下，提及别的同事的薪酬，应该成为你的加薪申请中的一部分。除了解释你在工作中做出的贡献值得公司支付更高的薪水之外，你可以这样论述：

◇ "我也意识到，对于那些从事类似工作、具有相近资历的人，他们在这个职位的薪酬至少达到 X 美元。"

这一方面让你得以引用自己了解到的信息——你这个岗位的薪酬范围，另一方面又不需具体指出所涉及的同事。

如果这里存在性别差异的原因，你更应该明确地指出来。在美国，同一份工作，如果对男性与女性支付不一样的薪水，那可是违法的（即使这源自入职谈判所导致的薪水差异）。如果是这种情况，你可以这样说：

◇ "考虑到最近对男性、女性之间工资差异的关注，我有点担心我与吕西安之间的差距。您是否能告诉我,我们从事同一类工作,为什么薪水差距那么大吗?"

根据你的经理的反应,你也应该做好准备:

◇ "对于同一类工作,公司支付给男性与女性的工资竟然有这么大的差异,我有点担心我们违背了同工同酬法。"(注意句子中的"我们"是有意的,这能使对方感受更强的协作性,从而少一些对抗性。这能给你一个更好的机会获得你想要的结果。)

如果你的经理问你是怎么得知你的同事的薪水时,你可以这样回复:

◇ "我不想因为这个问题而转变话题,因为真正的问题在于工资差异。这次谈话的初衷是,我们能解决这个问题吗?"

4.5 当你休假时总是被打扰

如果休假的时候,总是被办公室关于非紧急工作的电话和邮件打扰,那么你应该直接地说出来。

确实存在某一类型的工作,即使你不在工作岗位时,也需要你参与。不过,对于绝大部分的工作而言,你应该可以离开岗位一两周,而不被打扰。

防止假期被打扰最有效的方法之一是,提前告诉办公室的同事们,他们将可能联系不上你:

◇ "在休假的时候,我不会回复电话。如果您觉得,在我休假时您可能需要某份文件或帮助,那么现在请告诉我,因为

十 非情绪沟通

一旦我离开这里了,可能就无法联系上我了。"

然后,你要坚持这么做,让这些来自办公室的电话转入语音信箱,且在你休假回来之前不要处理它们。

然而,如果在你的办公室里,这种方法不实用,那你需要正面解决这个问题。如果是这种情况,在和你的经理交流时,你可以这样说:

◇ "过去几次休假,我都因为接到压根不紧急的工作电话而结束了假期。因此,对我来说,这次休假时与大家完全断绝联系非常重要。您能帮助我一次吗?让大家不会因为工作上的事情联系我。"

当然,如果你的经理是"罪魁祸首",你可以这样说:

◇ "过去几次休假,我都因为接到压根不紧急的工作电话而结束了假期。因此,对我来说,这次休假时与大家能完全断绝联系非常重要。这次休假的时候,我们能不能提前检查好那些您觉得可能需要我提供的文件,这样我现在就可以处理好大多数的工作,而让某位同事来接手处理剩下的工作。"

如果以上的方式都失败了,那你可以考虑说,你将去某处旅行,而那里,恐怕没有电话信号。

我听到经理与他女朋友之间的暧昧对话

读者来信:

我的经理与他女朋友的电话通话非常频繁。他们的谈话很"甜蜜"。他的办公室的门总是开着,因此这栋楼里的人几乎都能听到他在打电话。我觉得这让人厌烦,而且非常不职业。不过,我是新员工,这似乎又没有影响到其他的同事,而且他也不是非常平易近人的领导,所以我选择了忽视并试图将自己的耳朵封闭起来。这些谈话内容总是很暧昧的。

然而,他最近的一次通话已经远远超过了"限制级"。当时我真的很反胃,"哗"一声就呕吐了。然后,我坐在办公室里,被完全惊呆了,很难想象他竟然会说这样的话。现在我担心这种类型的对话还会再次发生,或者更糟的是,还会升级成更高版本。

我该继续忽视这种情况吗?他好像并没有影响到其他人。我只是不明白,办公室的职业人士怎么会认为这是合适的职场行为呢?

呃,是的,这是非常不合适的职场行为。

就我个人来说,我会选择找出这类让人难以置信的、非常"有趣"的故事分享给别人。显然并不是每个人都有这样的感

十 非情绪沟通

觉,但绝大多数人可能会觉得非常不舒服。

如果你在这工作的时间较长,并与他建立起了良好的关系,那我建议当他开始这样的电话通话时,你去关上其办公室的门,或者对他说:"巴纳比,我觉得我现在对你与克拉丽莎的关系了解得太多了——下回你能关上办公室的门吗?""我们能听到你与克拉丽莎的对话,你知道有些人在无意中听到时会感到不舒服吗?""哇,我感觉我像是在电影频道工作"……

即使作为公司的一个新人,你也可以直接地表达出来。比如说:"巴纳比,你可能没有意识到,我所在的位置能听到你的通话内容。这通常并不是问题,但当我听到一些真正的个人事项时,比如你刚才的电话,我会感觉不舒服。当我再次听到类似的通话时,你介意我关上你办公室的门吗?"

然而你是新员工,你觉得他并不好接近,而且其他人没有说什么。显然,如果你去承担提醒他的责任,那么我觉得有两个选项:

1. 如果有合适的人选,和他进行交流。

在一些办公室里,你的经理可能有一位严肃的助手或代理人,在电话通话该停止的时候,他可以轻易地告诉你的经理——有些人听到了通话内容,并希望停下来。在别的情况下,可能有一位能胜任这类工作的人力资源部门的人,可以劝他停止这么做。虽然我不知道你的办公室的相关情况,但如果你觉得有些有地位的人也意识到了这个问题,你可以谨慎地与这个人讨论这个问题。比如说:"我喜欢和巴纳比一起共事,但他有一个习惯,即与女朋友进行私人谈话的时候,他还总是敞着办公室的门。和他在一起共事的时候,我不想让自己那么尴尬,尤其我还是新员工。你能想到哪位同事可以站出来去建议他停止这么做,或者通电话的时候把办公室的门关上吗?"

2. 使用耳机。

耳机是上帝给我们的礼物,可以用来应付人际交往中不和谐的同事,而且如果可以的话,你应该好好利用这份礼物。

4.6 你的很多工作没有完成,你必须做出解释

你的很多工作都没有完成,因为你生病了,有约会,或者其他的个人事务需要处理。你可能冒险般地想保持沉默,希望你的经理不会注意到。然而,你最好还是向他解释清楚。你可以给他提供未完成工作的完整信息。如果你不这样做,他可能会根据自己的判断得出结论,而这些结论不一定是正确的。比如说,他可能错误地认为,你已经脱离岗位,正在找别的工作机会,或简单地归结为你对自己的项目不负责任。

你可以这样地说:

◇ "非常抱歉,我知道我最近有很多工作都没有按期完成。最近,我的身体出现了一点状况,总是频繁地预约医生进行检查,因此请了不少病假,但我真的希能把症状控制住。我想让您知道这个情况,这样您就不会感到惊讶了。"

注意,这里不需要提到太多具体的细节——"身体状况"这种说法已经足够了。你只需让他知道,这些正在发生的事情存在合理的解释,而且你没有旷工。

4.7 当你提出休假时，你的经理总让你感到愧疚

你的假期是您薪酬待遇中的一部分。当休假的时候，你完全不用因为离开工作岗位而感到愧疚。尽管这样，有些经理还是认为，员工请假是一种懒散的行为，他们会阻止员工离开工作岗位。如果你有这样的一位经理，每次当你提到要请假的时候就皱着眉头，或者总有理由向你解释说现在不是休假的最佳时期，那就直接面对吧！

你可以这样说：

◇ "我不知道您这是不是开玩笑，当我申请假期的时候，您竟然叫我懒虫。我认为，利用公司薪酬待遇中的假期是合理的，但您为何总想让我放弃呢？"

◇ "我几乎有两年时间没有休过假了，因为我似乎很难找到一个合适的、可以离开工作岗位的时间。从长远来说，我快忍受不了了！因为对我来说，有时间去学习、充电非常重要。而且作为薪酬待遇的重要组成部分，我还希望能够好好利用公司提供的假期。我们能不能谈谈，如何更合理地安排好这些工作，使我在接下来的几个月里能获得一次真正的假期。"

◇ "我听您说了，7月并不是理想的休假时间。不过，过去几次我申请休假时，同样也并非是合适的时间。我想，可能永远也不会有一个完美的时间让我离开，但有真正的时间休息对我太重要了。我们能找到一个对工作影响最小的时

间安排吗？我保证，即使在离开岗位的时候，自己也可以尽可能地把事情处理好？"

4.8 你在你的经理面前哭了

曾经，有很多人在我的办公室里哭过。当然，这并不是因为我是一个令人恐惧的人，从而把他们吓坏。其实，在工作中哭泣的人比你想象的多得多。依据我的经验，在某种程度上，越是认真对待工作的人，越是有可能在工作的时候哭。毕竟，如果你对工作非常上心，感受到较大的压力，但工作的进展并不如你所愿，这时候你可能会感觉到沮丧、烦恼，或者失望——众所周知，这些情绪都容易引出人的眼泪。毕竟，工作并不是神奇的情感冻结区域，而且永远不会这样。

不过，在经理面前哭还是很尴尬的。如果这种情况发生了，你可以有一些不同的选项。

如果只是一点点眼泪，你可以这样说：

◇ "非常抱歉，对于这件事，我真的觉得压力很大。请忽略我刚才的反应。"

如果你有时间让自己冷静下来，你可能会做得更好，比如这样说也是可以的：

◇ "非常抱歉，因为某种原因，这真让我深受打击。您介意我离开一会儿去喝杯水吗？"

◇ "对于昨天自己的强烈反应，我感觉有些难为情，我希望您原谅我的表现。我非常感激昨天我们的对话，而且我在思考我们讨论的内容。"（这里要表达的点是，无论对话内容是什么，你不想让你的经理认为你是一个如此情绪化的人，以至于无论对话内容是什么，你都不能完全处理好。）

这里特别要注意的是，如果你的经理给了你一些工作上的负面反馈，而你这时候哭了：在这种情况下，你的经理可能认为你不能接受批评性的反馈，这让他再给你反馈的时候会更加犹豫；或者他会开始担心你脸皮太薄，特别是讨论你在哪些地方可以做得更好的时候。因此，有一点非常重要，你要证明他的这些想法并不是真的，而且关于他的反馈，你确实是听进去了，并已付诸实际行动。比如说，你可以给他写邮件时，这样表达：

◇ "我真的很感激昨天您分享给我的建议，我正在思考如何更好地将它们付诸实际工作中。"

4.9 你的雇主违背了某些法律条款

如果你的公司做了某些违法的事情——比如不及时地支付你的薪酬，或者对你有某种歧视——你可以选择直接去找一名律师，或者向相关机构提出投诉。然而，你也可以通过与他进行一场简单的对话，从而处理这种局面，并与你的雇主保持良好关系。毕竟，直接诉诸法律可能会使你的工作环境变得有些敌对，以至于你很难留在这家公司了。

关键在于，要假设一个前提，即你的雇主并没有了解到他们违背了某项法律。你只是在友好地提醒，使他们意识到这个问题的存在，而他们当然也想进行改正。这是一种很好的方法——即使你非常确定，其实你的雇主们清楚地意识到他们的言谈举止伤害到你了；不过，相对于你明确地表示他们是毫无悔意的嘲笑者，用这种语言组织方式，可以帮助你获得一个更好的结果。举个例子：

◇ "实际上，根据相关法律，我们要为员工超时的工作支付加班费。如果您愿意的话，我可以延长自己工作的时间，但我想确定，公司不会因为不按照法律支付加班费，而陷入麻烦之中。"

◇ "如果不报告我的工资，那么我们会陷入麻烦之中。根据法律条款，我的支票必须是扣除工资税后的。"

◇ "从法律上来说，我们不能因为性别差异而分配不公平的工作任务。如果这样做，那么根据法律，我们将陷入很多麻烦之中。"

这里需要注意的重点是语气：总体应该是协调性的，而非对抗性的。当谈论公司的法律义务时，在称谓上，应该使用"我们"而不是"你"。你的语气和组织语言的方式，应该传达出这样的意思，即你是在维护公司的利益，而不是发出公开的法律威胁。

需要明确的是，如果你愿意，你完全有权利做出公开的法律威胁。不过，以上述方式着手进行对话，你可以显著地提高获得你想要的结果的概率，同时与你的雇主保持良好的关系。

如果这种对话不管用，那么你可以升级为法律行动。然而，以合适的方式开始对话会给你一个很好的机会，使你避免这种事项。

第五章

厘清工作与生活的关系

十 非情绪沟通

5.1 你不想负担每月昂贵的团队午餐费用

想必大家工作的目的是为了挣钱，而并非去花钱，因此，当满足基本工作期望而必须承担高额费用时，这真是让人挺沮丧的。在某些情况下，办公室的这种氛围是由雇主们无形之中推动形成的——比如说，如果你周围的人都喜欢定期以 AA 制方式进行团队午餐，而不去考虑是否每个人都真正想承担这份经济义务。在另外一些情况下，这是由那些对初级员工的经济条件不以为意的经理们推动起来的。

如果你的办公室定期组织这种聚餐活动，并期望每个人都参加，而你并不愿意支付这份账单，那么直接说出来可能会让你觉得尴尬，尤其是当其他人看起来都很喜欢这个活动时。当讨论钱的时候，如果你说"我买不起这个东西，而你们显然认为——这对我来说没什么大不了的"，那么可能很多人会觉得诧异。

不过，稍有几分靠谱的经理也会想知道，这种事情是否给某些员工带来了困难。一位得体的经理并不希望员工们为了参加工作午餐而超出预算。如果你可以稍微提醒一下经理，那他们也会意识到，你可能并非唯一对这种负担不满意的人。

◇ "我很喜欢我们的团队聚会，但每月的午餐费用并不在我的预算之内。是否有别的方式,让员工可以不负担这种聚会的费用?"

或者,如果他们换到某家价格能让你接受的餐厅,你就愿意继续参加这种团队午餐,那么有时你可以建议其他的选项来解决这个问题:

◇ "您能接受在别的餐厅进行我们的团队午餐吗?我们之前去过的餐厅,对我来说价格有点高。不过,我知道,泰快递(Thai Express)附近有一家非常实惠的自助餐厅,街对面的三明治店有非常棒的菜单可供选择,而且还有我们可以使用的大桌子。"

5.2 你想摆脱下班后的社交活动

很多人都以为,在工作时间以外,每个人都对团建活动充满了热情——无论是酒吧小聚、团队聚餐、闲聊之夜或者其他的活动。通常,这些活动的目的在于提高团队士气和凝聚力,但很多人并不是很热衷在他们的日程表中加上这样一项职责,或者不愿意在工作以外的时间,还与每天都遇见的同事在一起,如那些内向的同事,需要回家照顾孩子的同事,通勤时间较长的同事,以及那些下班更愿意回家在沙发上躺着的同事等。

不过,一般来说,你可以"逃离"大多数的办公室社交活动。

最简单的方式就是说你已经与别人约好了某项活动。这是最容易推掉办公室社交的理由,因为这很难有再商量的余地。

十 非情绪沟通

你可以简单地说：

- "那天下班之后我有约了，所以我无法去参加。"（嘿，也许你是与你自己在沙发上有个美妙的约会，他们并不需要知道这些。）
- "那天我有一个家庭聚会，我没办法出去。"

或者你可以说，这个特殊的活动不是你喜欢的：

- "今晚这个快乐时光真的不是我喜欢的活动，我和大家明天见。"
- "保龄球真的不是我的强项，但我很高兴下个月能和大家一起去静修。"

或者你可以开个玩笑：

- "今晚，我让你们所有人从我颠覆性的个人魅力中解脱出来，但明天我会满血复活，重新回来。"

或者诚实点，把事实告诉大家。如果你的办公室在下班后总是有很多的社交活动，而且你感觉到你的经理在想为什么你从来没参加过，这样和他解释可能是行得通的：

- "我知道我们的团队在下班后一起做了很多有意思的事情。然而，对我个人来说，因为 X，导致我很难去参加；而且我想当面和您交流，这样您就不会担心，我并不是对工作和我们的团队不满意。"

当然，如果 X 是"照顾孩子的责任""在晚上需参加的学习课程"，或者其他简单的事情，这个 X 很容易就被表达清楚了；然而，如果 X 是"在工作一整天后，我有点筋疲力尽，因此真

的不想和同事们出去玩",你可以用这样的方式来说:

◇ "我没法参加那些活动,因为我倾向在每天结束的时候静下心充电学习",或是你愿意的话,用模糊的语言说"我倾向于在晚上安排很多事情"。

ASK A MANAGER

没参与公司每月的体育运动,我受到了惩罚

读者来信:

我工作的团队有15人,平时,我们都待在一间大办公室里。大约在一年前,我们新的经理来到这个团队。他年轻且擅长运动项目,包括跑马拉松、滑雪、徒步旅行等。他也非常喜欢团队建设活动,然后这就是我的问题所在。他声明这些团队活动不是强制性的,但仅我和另一位同事没有参加。我不是反对这些活动,过去我也喜欢。然而,他喜欢的这些项目,每个都是极端性的运动项目。比如说,有15公里的徒步旅行、5公里长跑、攀岩和帆伞运动……我相信你懂我表达的意思。

我身体有一些状况,不能参加这种激烈的活动。我建议过一些低强度的活动,比如,玩桌游或者在公园烧烤,而他不留余地地数落我,甚至不让我提出的活动建议参与团队活动的投票,他认为这些想法不够刺激。

每个月,我们团队都会组织一次这样的活动,而我从来没

十 非情绪沟通

有参加过。于是,他在我的月度评价中写道,我不善于与团队成员进行合作,而且拒绝参加团队建设活动。我曾经私下与另一位没有参加活动的同事交流,经理对他也是这样的评价。在其他方面,他是一位好经理,但因为我的身体无法完成15公里的徒步旅行或跑步,他评估时就对我的表现扣分,这让我挺生气的。

我是应该直接和他说,让他把这些对我的评价删掉,还是应该直接拿着他写给我的评价表去人力资源部?我不愿成为办公室搬弄是非的人,但我知道,高层管理人员不会了解这些事情的来龙去脉。

啊,这可真是不靠谱。你并不是一名专业的马拉松运动员或攀岩者,因为你没参加这些体育活动,就对你的绩效评价打低分,这样没有道理。

你有没有直接告诉过他——你想参加,但因为你的健康状况限制而不能?如果你没有,那是时候直接和他说清楚了。你可以这样说:"我真的很想参加我们的团队建设活动(这表明你的团队精神),但我的健康状况有些问题,这意味着我不能参与类似跑步、攀岩的活动(这是你提出的非常合理的论证)。我希望我能积极参与到活动中(看,你再次强调自己是一个具有团队精神的人),那么我们是否有可能计划一些不基于体育运动的活动?"

当你直接要求组织一些你能够参与的活动时,很难论定你是一个没有团队精神的人。

另外,你还需要这样说:"我不认为,我的健康状况也是绩效评估中的一个因素。您可以重新再审视一下吗?"

当你提到健康状况时，他脑子里应该"啪嗒"一声有所领悟了。他应该完全认识到，对那些不参加与核心工作无关的体育活动的同事，通过在绩效表中对他们打低分进行处罚，的确做得过分了；而且，健康因素应该也让他意识到，他冒犯了某些法律。如果他对此还没有反应，那你需要去和人力资源部的同事谈谈。因为，你经理的行为并不合适，这时值得一个具有更高权威的人介入，并向他指出其错误的行为。

和你说得更清楚些，如果你不是因为没参与那些活动而在绩效评估中受到相应扣分惩罚，我不会提倡你去找人力资源部；我只是会支持你，对他的行为感到厌恶；然而，你受到了这种方式的处罚，这便成了严肃的事情。

明确地说，你根本不需要引用健康状况的原因而决定不参加这些没完没了的体育运动。理智的人都不会与"健康""安全"这种事过不去，因此你不妨提出这个问题。然而，作为一个独立的事件，组织这种以团队建设活动为幌子而强制员工参加的非核心工作的活动，本身就说明他的观念存在错误。这反映出了一个问题：他为什么如此依赖于这种强制手段来开展这些活动。有些事情，对于某些人来说是有趣的，但对其他人可能是痛苦的，而这种强制性的绑定会使很多人更加疏远，从而与团建的初衷南辕北辙。更为错误的是，这些都是使人筋疲力尽的体力活动，并不是每个人都愿意享受的。

5.3 你正努力熬过生活中某段艰难的时光

或许你正在努力熬过一段艰难的时光，比如分手，家庭成员出现健康危机，或者其他可能发生的事情。而有时候，如果你的经理注意到你的工作，甚至你日常的言谈举止受到了这种情况的影响，那向他透露这个信息将会是有用的。这样他便能了解事情的来龙去脉了。比如说：

◇ "我想让您知道，目前我正在处理一些个人生活中的难题。我努力不让它影响到我的工作，但我想让您知道我的状况，以防您会怪我有时有点不在状态。"

在这个版本中，信息是模糊的。如果你能接受，说得具体一些会更好。当然，你不想和你的经理说关于你离婚的所有细节，但明确和他说——这次个人危机是离婚——这也是可以的。（或者你父母生病了，或者你自己出现了令人担忧的健康警报，或者其他可能发生的情况。）

事实上，大多数经理都会为你担心，都会同情发生在你身上的事情；而且，如果能做到的话，他们都会试图找不同的方式使你的生活更加轻松些。

5.4 你想休息一段时间以接受治疗

我收到很多人的来信，信中说，当他们向经理申请假期以便接受治疗时，会感到很不自在。这让人感觉特别棘手的原因是，这通常是每周一次或者每两周一次的预约，因此你无法只申请一两个小时的假期，而是需要长期的、固定的安排。

好消息是，关于你的治疗，你绝对不需要向你的经理吐露相关信息。你可以简单地说：

◇ "在未来可预见的一段时间内,我每周都将预约进行治疗。治疗需要在工作日进行,当然,我很乐意每周都补上这段时间。对于我该把这天安排在周几,是上午还是下午,你是否有优先安排的选项?"

你也可以将这种表达方式应用于申请其他类型的长期治疗预约。你不需要向你的经理透露细节。一般而言,精明的经理也不会问。

5.5 你想推荐一位朋友来加入你的团队

首先,需要注意,不要只是因为他是你的朋友,就将他推荐到你所在的公司来工作。当你为某个人担保时,你自己的职业声誉便处于模棱两可的状态,因此你要确定你是真诚地认同他,而且对于空缺的岗位,他真的是合适的人选。

然而,如果你能证明你的朋友符合岗位所需资历,而且他聪明、性格好、容易共事,且你愿意将自己的声誉押在这次推荐上,那么大多数的经理都乐于从一位有良好声誉的员工那获得候选人。

只是你要向经理表明,对这个朋友的情况,你所掌握信息的局限性。

比如说,如果你以前并没有与这位朋友共同工作过,一定要表述清楚。如果是这种情况,你可以这样说:

◇ "我朋友瓦伦蒂娜申请了社区推广工作。因为我之前从没与她共事过,所以我不能担保她的社区推广资历;不过,我可以向您证明,她很聪明有趣,是一位出色的作家,而且很善于与人打交道。"(总之,把你朋友身上那些符合岗位要求的特质都说上。)

如果你与这位朋友共事过,那你也要进行详细说明,因为这能使得你的推荐更有分量。在这种情况下,你可以这样说:

◇ "我朋友瓦伦蒂娜申请了社区推广工作,我认为她是一位非常有实力的候选人。我们曾经一起在清洁水资源的活动中共事过,当时她是办公室的明星人物之一。她是一位出色的作家,在建立联盟时,表现得非常出色。绝对值得与她聊一聊!"

5.6 你的经理考虑雇用曾经与你无法友好共事的人

如果某些员工可能熟悉公司拟招聘候选人的信息,甚至曾经还与这个候选人共事过,那么绝大多数的经理都会对这些员工提出的建议非常感兴趣。人员招聘绝不是一门精准的科学,因此,从熟知情况的员工那里了解到候选人的第一手信息,非常有价值。

只要你与你的经理建立了相当友好的关系,你的意见就很有分量。

这里的关键是,要尽可能地具体说明这个人为何是一名糟糕的员工。"我真的不喜欢他"并不管用。显然,"在团队项目中,他没有发挥出应有的影响力,而且对待实习生态度粗鲁"或者"他浑身是刺,很难从他那里得到帮助"等语言将更有效。

理想状态下，如果你的经理知道你与候选人曾经共事过，那他会征求你的意见。然而，如果他没有这么做，你可以自动向他提起，用类似这样的话：

◇ "事实上，我与塔德曾经一起工作过；对于他是否符合这份工作的要求，我有一些疑虑。我可以告诉您一些关于我与他共同工作的经历吗？"

5.7 在面试你团队的应聘者时，你的经理歪曲了这份工作

当面试一份新工作时，你当然希望面试官能直截了当地告诉你，这份即将签约的工作的具体情况；这样，你不会陷入某种让你很痛苦的境地。因此，如果你正在帮你的经理面试团队的候选人，而且，你了解到他误导了一些信息，包括这个职位的职责、部门内的文化氛围，或者他自己的管理风格，这可能会让你感到很不安。

其中，最容易处理的问题是，你不同意他描述工作岗位本身的方式。显然对公司整体氛围或其管理风格而言，他并不会觉得这很具有个人色彩。你可以试着直接从工作的某个细节处着手，表达不同的认知。比如说：

◇ "我注意到您描述这份工作的重点是文案写作和编辑，其他支持性的管理工作很少；然而，我想，这其实是公司行政工作的重要支持岗位。我知道，当波西亚干这个岗位时，她大概有20%的时间在日程安排、接听电话及其他行政事

务上。面对候选人时，我们调整一下这个岗位的描述方式，是否会有意义？"注意，这里使用万能的"我们"，这能让你们都站在同一条战线上。

如果问题是你的经理描述部门文化氛围的方式，那现在，我们进入了一个可能更加私人化的领域。如果是这种情况，你可以用这种方式组织语言：

◇ "您知道，我不认同把我们的部门氛围描述为'超级有弹性'；当然，我认为，我们部门不是死气沉沉的或是诸如此类，但我想当别人听到'有弹性'这样的词汇，他们可能在脑子里会想象出'有弹性'的工作时间及可以在家远程工作。这不是我们的真实情况；而且我担心会给别人留下错误的印象，当他们到岗并了解到实际情况，他们会感到失望。"

然而，如果问题出在你的经理描述他自己的方式上呢？比如说，他告诉候选人自己会给员工很多自主权，而实际上他倾向于事无巨细地进行微管理。你可不想直接对他说："您实际上是一个严重的、事无巨细的微管理者。"不过，你可以说类似这样的话：

◇ "无论真假，我不知道我是否会把您的工作风格描述为，给员工很大幅度的工作权限。我想，很多事情您其实都喜欢亲自动手，这很好；因此，我们现在这种类型的工作方式行之有效。然而，我担心，在工作权限方面，我们给应聘者较高的期望值。最终，我们可能无意中雇用了一名非常有实力而愿意自主推动各项工作的人，而他会对我们现在这种类型的工作方式感到失望。"

表述时一定用不带任何偏见的语气（这里用"我们现在这种类型的工作方式行之有效"可以起到极大的作用，即使对于我们的目的来说，这是一个善意的谎言），在组织语言时用"我们雇用一位最适合这个岗位的人选"。（注意,这里是万能的"我们"。当你与你的经理进行交流时，"我们"可能是最有帮助的词语。）

5.8 你想在家远程工作

在一些办公室，要获得远程工作的许可，其实只需要向经理简单地询问并解释这么做的原因，就可以实现。比如说：

◇ "我发现，这些工作需要全神贯注，在办公室时我总是难以集中精力完成。当有需要持续集中精力才能完成的工作，我是否可以每月在家工作几次？比如，上个月，当我写西瓜种植协会的调查报告时，我发现在家里工作真的很有帮助。"（注意，你要详细说明频率。因为，你要证实你们预想的是一致的，这样能保证不会出现如下情况：他认为自己只是同意你一月一次远程办公,而你却认为是一周两次。）

不过，如果你的经理原则上不认同远程办公这种方式——如果他是那种怀疑员工在家不会努力工作的经理之一，或者担心这种方式将会妨碍同事间的合作或给其他人带来不便——这时，你需要说得更令人信服。如我们在这一章开头所谈论的，相对于一次永久的改变，你提出进行一次短暂的尝试，或许会更加有效。

如果是这种情况,你可以说:

◇ "我知道,您并不相信员工在家远程工作对团队的发展有意义。然而,您是否愿意尝试一次短期的实验,在掌握了真实信息之后再重新审视一下?如果您愿意尝试,这个月我可以试着在家工作几次,然后我们再讨论一下效果?我希望,可以平稳地推进这种方式,而不对团队其他成员产生负面影响。不过,我知道,在尝试之前,不能说得那么绝对。如果我们试过了,且还引发了问题,那我们当然要停止这么做。然而,如果这种方式是有效果的,我想这对团队里的每个人都有利,而且将来会成为吸引并留住优秀人才的因素,因为这是很多人想要的工作方式,且越来越多的公司支持这种工作方式。"

第六章

如何辞职

6.1 你的经理不尊重你入职谈判时的约定

当与经理进行入职谈判时，你可能将某个特别条款当作了你接受这份工作的原因——比如享受一周的额外假期，或者可以每周在家工作一天，通常，你以为经理会一直履行当初的协议。然而，有时候，事情会发生变化，比如，一位新经理到任，他并不想履行之前的约定，或者公司决定禁止远程工作。如果当时你把这项特别条款写下来了，那可能会给你提供一些支持，但如果没有效果（或者当时就没有写下来），那该怎么办？

你可以试着这样说：

◇ "在我接受这份工作时，我要求包含 X 事项，因为这对我来说非常重要。我知道，公司的环境可能发生了变化，但该事项是我最初接受这份工作的关键因素，取消它，就代表我的薪酬待遇将发生明显变化。我们能谈谈，是不是有其他方式，继续保障公司与我最初的协议？"

这里要强调的关键是，你当时接受这份工作时非常看重经理的承诺，并且它是你做出决定的重要因素。

最终，如果你的经理并没有改变态度，那你可能需要决定是否还要在这工作。不过，可以把眼光放长远一点，想想这份工作还有哪些点吸引到你了。

第六章 如何辞职 十

ASK A MANAGER

在一次商务差旅中，我不得不和同事共睡在一张床上

读者来信：

最近，我和一些同事出差，需要在外住宿。之前，本来计划是在酒店订两个房间，因为我非常不喜欢与别人共住一个房间。然而，我所在的是一个非营利组织，为了节约成本，我只有咬着牙与同事共住了。事后，我向朋友和家人发泄了不满情绪。

这次出差，我预料自己可能会与经理住一个标准间。然而，情况发生了一些没意料到的变化，最终竟然导致我们三个人住在一个只有两张床的标准间里。直到走进房间时，我才意识到这些情况。看到床的时候，我的心就沉了下来。

此时，实在不需太多的词汇来表达我非常沮丧的情绪，我不得不和别人分享每一寸的个人空间。本来，丧失这次差旅中任何潜在的休息时间，就已经非常糟糕了——因为，和我共住的这位同事睡觉时总是打鼾、说梦话，或者提前一个小时就起床，甚至她的存在本身就意味着我的大脑无法逃离工作模式，尽管每天有12~14小时我们一直在工作。天呢，共住一张床！我愿与其共睡一张床的人，名单非常短，而且，无论我多么喜欢与这个人共事，他们也永远不会出现在这个名单上。

十 非情绪沟通

我计划向我的经理提出这个问题。然而,当发现自己是唯一觉得这件事情不合理、不职业的人时,我很难找到有用的词语来描述这件事。关于怎么向经理提出这件事,你有什么建议分享给一位冷静理智的成年人吗?

在任何情况下,希望你和你同事共睡一张床都是不合理的。天哪!

最起码,应该问问前台是否愿意给你们送一张小床?

在任何情况下,你都可以直接和经理说出来。你可以这样说:"我们上次出差时,不知什么原因我们三个人被塞进了一间只有两张床的标准间,简和我只能睡在同一张床上。我不知道,是专门这样处理的,还是仅仅因为出现了小失误。与同事睡在一张床上,这让我不大舒服,而且我确定其他同事也是如此。我想确认,这种订房间的方式不是故意的,对吧。同样,如果这种情况再次发生,那我可以再为其中一个人订一个单独的房间,对吧。"

我想她不会强势地反驳,因为出差时与同事睡一张床是不正常的,但如果她这样做了,你可以这样说:"我只是对这件事情感到不舒服,而且不想再遇到了。"如果必要的话,你可以加上,"与别人睡在同一张床上是非常亲密的行为,而且我想我们不能要求员工们这样做"。

这是一个合理的立场,可以表明你的底线。

当然,对于共用房间而言,应该与共用一张床区别对待……在某些行业里,在酒店共住一个房间是常态,包括学术界及一些非营利组织；不过，坦率地讲，我认为，有些时候也有理由对此进行反驳。我也来自非营利组织，我也想对钱负责——在我20多岁的时候，我也与同事共住过一个房间，因此我知道这种事情会发生。不过，要求人们这样做却是不合理的，尤其还是在特别耗费精力的差旅中！你最了解你所在的组织，因此你自己知道是否有空间来提出这种改变。

不过，对于共同睡一张床而言，你应该坚决表明"我不想再那样做了"。如果你发现自己再次处于那样的境地中，就可以给酒店前台打电话再订一个房间，或者至少再要一张移动床。

6.2 你的经理询问你是否在找新工作

你可能正在积极地找新工作，但你可能还没准备告诉你的经理……此时，他开始问关于你在公司的长期发展规划，甚至直接问你是否在找另一份工作，这挺让人尴尬的。

如果你认定，公开离职计划并不符合自己当前的利益——比如说，如果你有理由认为，比起做好准备后离开公司，没准你可能在这之前就会被劝退，那么你可以这样说：

◇ "很显然，没有人能预知未来，但当前我没有任何离职计划。"（这是真的。你还没有做出最终要离职的、坚定的计划。）
◇ "没有什么东西是一成不变的，但我在这里工作挺开心的。"
◇ "如果有人给我提供一份有较多发展机会的工作，而正好是这里没有的，我会考虑一下；不过，当前我没有任何离职的计划。"

6.3 你提出辞职

人们通常真的很为辞职烦恼。我收到了大量的读者来信，他们有的正为如何提出辞职发愁，有的则担心经理和公司会对他的辞职举措进行报复。

好消息是，事情永远不会朝这个方向发展。辞职根本不需要一场正式而艰巨的对话。实际上，如果以这种艰巨的方式结束，那就太奇怪了！

你所需要做的，是和自己的经理谈谈（如果你们在不同的工作地点，可以通过电话），你可以这样说：

◇ "我真的非常喜欢在公司工作的这段时光。不过，经过一番思考之后，我做出了离职的决定，这确实很艰难。我的工作截止日期将是……"

就是这样。

你的经理可能会询问你为什么要离职，因此，你最好准备好这个问题的答案；这样你就不会以即兴发言来参与会谈，并一不小心地说起那些你并不计划提起的事。其实，这个答案很简单，就像其中一个：

◇ "这个机会落到我头上了，我不能错过它。"

◇ "我在这里学到了很多，但我感觉对我来说，是时候再去学习一些新的事情了。"

换句话说，你的答案并不需要详细解释，真正驱动你寻找新工作的原因是什么。当然，如果你想解释，那也可以。不过，你需要知道，如果你不愿意，就没必要解释了。

同样，你要做好准备，你的经理可能会问，他能做什么事情才可以让你留下来。一般来说，接受公司的挽留是一个糟糕的主意，因为在绝大多数情况下，驱使你寻找新工作的原因并不会发生变化。（即使这些原因发生了变化，难道你仅仅是因为想从经理那获得自己想要的东西才不得不辞职的吗？）不过，在你辞职之前考虑这种可能性是明智的，这样你不会措手不及。

ASK A MANAGER

以一个新的工作机会获取当前工作的加薪或升职，如何？

要想清楚，你是否要将一个新工作机会作为讨价还价的筹码，想在当前工作中获得加薪或升职。通常情况下，最好还是以自身的优势去争取加薪或升职（如果得不到，你会心甘情愿地离开这家公司）。

听到你辞职的信息后，经理们经常会在一瞬间感到恐慌，因为他们不想在某个不合适的时间失去一位人才，但很多情况下，他们也可以完全翻转这种关系。一旦成功留住了你，他们的恐慌情绪就会消退，而你则会被贴上"在寻找新工作机会"的标签。如果你所在公司将来需要裁员，你可能会被认为是可有可无的人。

另外,更重要的是,你决定开始寻找新工作的原因是多方面的(比如对公司文化氛围不适应,不喜欢公司的管理模式,缺少认同感,以及诸如此类的原因)。在获得加薪后,你那短暂的兴高采烈情绪会很快消退,而上述问题将继续存在。再加上,你需要一只脚跨出门外才能获得与自身价值相匹配的薪水,这并不是一个好的信号;而且,你没有理由认为未来的加薪会更容易。事实上,当你再次提出加薪申请时,你可能会听到:"当你考虑离职的时候,我们已经给你的薪水进行过一次大幅度的调整了。"

当然,你用一个工作机会,试图让你的公司挽留你。这无法保证你不会听到类似的话:"我们公司无法提供相似的待遇,因此你勇往直前地开始新的工作吧。"(警告:在某些行业中,员工使用新的工作机会来保证自己能在原公司获得加薪或升职,这是一种普遍被接受的方式;不过,在实际行动之前,你要非常确定,你所在的公司属于这些行业!)

6.4 对待你的辞职,你的经理回应得很糟糕

大多数的经理人在得知员工要辞职时,他们的内心都是失望的,但也可以接受。听说一位有价值的优秀员工要离职,这肯定不是什么好消息,但这也是商业领域很正常的情况。绝大多数的经理人,即使感到失望,他们也不会严厉斥责你或者对你大喊大叫。

不过,那是"绝大多数",而不是"全部"。有些经理对待

第六章　如何辞职

员工的辞职表现得非常私人化，并且会做出不适当的反应。（曾经我的经理，在听说我要辞职的信息后，将我锁在他的办公室里长达两个小时；在这期间，他怒斥我以离职的方式背叛了公司。这是我职业生涯早期发生的事，如果是现在，我完全知道我可以站起来直接离开！）如果你遇到了一位反应糟糕的经理，那么请记住，你离开公司的决定和时间完全取决于你自己。如果你自己不愿意，你的经理不能强制让你留下，或延迟你离开的时间。你不是受合约束缚的奴隶！

当你提出离职时，如果你的经理让你很难堪，你要开朗、乐观和坚定，并且可以这说：

◇ "我很感激您想留住我。不过，我已经思考了很久，并觉得这对我来说是一个正确的决定。6月15日是我在这里工作的最后一天。让我们讨论下，从现在开始到那天，我能做些什么，从而使这种人事变动尽可能平稳顺利。"

如果你的经理继续施加压力，必要时你可以重复：

◇ "我已经考虑过了，这就是我的最终决定。"

如果谈话已经发展到让你真的很不舒服的程度——比如说，你的经理公开反对——你也可以这样说：

◇ "我想在最后两周内了结工作，并使各项工作能井井有条，但您跟我说话的方式，让我真的很不舒服。您认为这段时间内我们能和气地合作吗，或者我应该将我最后交接的日期提前？"

你甚至可以改变最后的部分：

十 非情绪沟通

◇ "要么我们和气地合作,要么今天就是我的最后工作日期。"

不过,如果你想维持这段关系,那就参考第一种稍微柔和的表达方式。

6.5 你觉得你处在被解雇的危险中

担心自己随时会被解雇,这是一种可怕的感觉。如果你真的相信你有被解雇的危险(与之不同的是:只是一种焦虑的情绪而并非有真实的依据),那一个选择即是,把你所担忧的事情公开地和你的经理谈谈。你可以这样说:

◇ "我想我们是否能讨论一下工作的进展。我知道,我经历过一些思想斗争,没有如您所期待的那样迅速接受这项工作任务。对于您所安排的这些工作,我真的很努力地推进,而且我希望我能达到您所要求的标准。不过,我不想做把头埋在土里的鸵鸟。您感觉,我有可能达到您的标准吗?"

根据讨论事项的不同,你可能会听到一些让你消除疑虑的事情——比如,在驾驭这个岗位角色的过程中,每个人都经历过内心的挣扎;或者,这项工作你已经做出了足够大的改进,以至于你的经理对你推进这项工作有充分的信心。

不过,关于你的发展机会,你同样也可能会听到一个相当悲观的评估。如果这样,你可以选择采用以下方式进行回应:

◇ "我真的很感激您对我的坦诚。鉴于评估情况,我想知道,我们是否可以安排一个过渡时期,给我一些时间找新的工作,同时也给您一些时间去寻找合适的替代人员。也许这对我们双方都是最好的结果。"

很多经理都会因为员工的这类提议而松一口气。如果可以避免,很少有经理想主动解雇某个员工;因此,如果你让你的经理能轻松地与你解除劳动关系,而不是主动地解雇你,那你也能获得一些对你有帮助的东西:比如,以在职身份寻找一份新工作的时间,在你的档案里不用被标记上"解雇"。

然而,给你提出一个严重的警告:这里存在一种风险,如果谈话中这个话题已经被提出来了,那么,这场对话可能会促使你的经理更快地解雇你。因此,面对这两种可能,即以上情况发生的可能性及公开找经理交流所带来的益处,你需要权衡好利弊。

PART 2

这样说,

同事才会配合你

part 2 这样说，同事才会配合你

与同事之间的关系可能让人难以捉摸。通常情况下，你每天花大量的时间与他们相处，但又无法选择你要与哪些人共事。出于职业化考虑，你必须与同事们保持良好的关系，而这就意味着，你不能以和朋友、家人相处的方式来自由表达你的想法。然而，他们的行为对你的职场生活质量有重大的影响，而且有时候甚至直接影响工作本身。最重要的是，同事之间通常也有某些内部"潜规则"要遵守，这使得即使是最简单的对话，也会让人感到不安。

鉴于所有这一切，我们可以理解，有时向同事提出问题时，你可能都会犹豫。不过，在通常情况下，以合适的方式处理问题会使你得到想要的结果，而无须带入那些你所担心的紧张感。因此，在这一章，我将介绍给你们一些特别的说话技巧，帮助你们处理这些情况。

首先，我想列出一些关键的原则。当你需要与同事交流一些让双方不舒服的事情时，你要注意以下几点：

使用平时的语气，如同你过去解决某个工作问题时一样。"嘿，你刚发给我的电子表格，我打开时好像遇到麻烦了——你能来帮我找找原因吗？"就用类似的语气——而不是犹犹豫豫地说"打扰你真是太不好意思了"，因为这样你同事更有可

能以相同的语气回复你。

站在对方的立场上考虑。如果你正在做一些让同事很恼火的事情,就应该试图与同事展开对话。即使展开这样一场对话会有点尴尬,但相较于对那些让人抓狂的事情视而不见,一些转瞬即逝的尴尬更加可取,特别是如果你能轻易地改变自己的行为。

大多数情况下,在把事件升级至告知你的经理之前,你应该试着直接与你的同事谈谈。如果问题非常严重(比如性骚扰或者某位同事欺骗客户),或者某个问题,在你试图自己解决之后又重现了,那么你应该让你的经理掌握相关信息。然而,如果这个问题更像是职场人际关系问题,那么你的经理可能希望你自己解决,或至少你自己要开始着手解决。实际上,你可能也想,在问题升级而向经理提出之前,有人能直接和你交流。因此,最好你认为你的同事也是这么考虑的。(再说一次,面对非常严重的情况,这条可以例外。)

只代表你自己。有时,人们会试图借助整个团队的权威来传递某条难以启齿的信息。"你在会上发言时偏离主题了,这样让大家都很恼火"或是"我们没有人喜欢如此频繁地聚餐"。不过,即使你知道其他人和你有相同的感受,以替群体发声的方式组织语言,也会导致你和对方关系的疏远。(毕竟,当听到整个团队的人都在抱怨自己,他肯定不会太高兴。)如果他知道至少有一个人并不认同你的观点时,那么这种语言组织方式也会歪曲你传递的信息。因此,你要以自己的立场发表言论。

有时候,自我抨击式的交流方式会让事情更轻松些。如果你担心你想传递的信息会让别人觉得"你有毛病",那么这时你可以有效地将这些信息围绕着"关于我自己某个古怪的地方"重新组合。比如说,如果你一直想让某位过于感性的同事不要再拥抱你,你确实可以说"请你不要再拥抱我了",但这可能会破坏你们的关系。如果按照以下方式来说,可能会减少一些尴尬:"嘿,我不大喜欢拥抱。我知道你以这样的方式表达自己的热情,但我实在受不了这些。"组织语言时,使用"是我……并不是你……"句式将使这种尴尬降到最低。如果这种方式不起作用,那你可以采取更严肃的交流方式。

重要说明:在大部分情况下,这种策略有效,但在某些情况下不要使用。你无须假装这是你自己独特的习惯,因为这可能使你听到某些不想听到的歧视言论。

在你们对话后,试着使事情恢复正常。在一场尴尬或者艰难的对话之后,试着尽快找机会与这个人进行正常的对话。这将补充说明——你并没有感到不安,而且希望能够重建两人间友好的气场。

并不是每件事都需要当面说出来。与别人一起工作,这就意味着你要与他们的一些令你讨厌的习惯相处。当有些事情使你的工作很难推动,严重影响了你的职场生活质量,或是有不可预测的后果,你可以直接与同事交流。然而,同事身上总会有某些令你讨厌的习惯。如果这种让人讨厌的行为影响力相对较小,或者有时候与之相处也行得通,那可以试着忍受一段时间。如果你实在无法忍受了,那就去与他直接对话。

第七章

明确责任问题

十 非情绪沟通

7.1 你同事正在做一些非常吵闹的事情

我在《经理对话录》专栏中，收到最多、最频繁的抱怨之一就是，"我同事正在做某些非常吵闹的事情"——有些同事不使用耳机听音乐，有些同事总是用免提不停地打手机，还有些同事不停地在耳朵旁唠唠叨叨……

相对来说，可能这些事情看起来都是小事，但在你被困在离他们很近的地方的情况下，随着时间的推移，这些小事也会变得越来越严重。尤其是，当我们试图集中精力时，旁人弄出的这些烦人的声音似乎永无止境。（我曾经收到一封读者来信，她描述了她的一位爱嚼口香糖的同事："我可以听到口香糖在她嘴里被咀嚼的声音。"）

很多人没有意识到自己制造出了噪音，而且他们也愿意接受一个客气的请求。你可以用这样方式表达：

◇ "我发现，当听到你的音乐时，我总是难以集中注意力。你能用耳机听音乐吗？"（如果想使这句话更温和些，你也可以试着说："我真的非常喜欢你的音乐，但这总是让我难以集中注意力。"当有人这么称赞你的时候，你很难采取防守的姿态。）

◇ "你自己可能没有意识到，你有一个习惯，在每天大部分的时间里，你的手指一直在不停地敲桌子。我试着忽视这种声音，但它挺让人分心的。你介意放一些柔软的东西铺在桌子上吗？这样可以减轻桌子的动静。"

◇ "我知道这听起来有点古怪，但对我来说，你吹泡泡糖的声音就像在黑板上砸钉子。你可以试着不把它吹爆吗？"

如果你担心你的话听起来有点像"鸡蛋里挑骨头"，一个好的策略就是你以自嘲的语气提出问题，比如说，"我对声音的敏感点很诡异""关于口香糖噪音，我有一种古怪的心理障碍"。通过暗示你自己有欠缺，你就可以降低对方的防守心理。（因为这是你的问题，而与他无关。）

7.2 你同事并不重点关注你们共同负责的项目

很多人都讨厌学校里的集体劳动，因为总有人必须完成绝大部分的工作内容。不幸的是，在上班族的世界里，这种情况并不会不同；有时候，你的成功取决于别人，而这些人并没在为此努力。

如果你的同事在你们双方负责的项目上有所懈怠，那你可能需要向经理反映一下这种情况。不过，在这之前，试着和你的同事直接交流。当你和经理交流的时候，将交谈重点放在这种情况所造成的影响上。这并不是说你的同事有点懒，而是这种情况将如何影响到你所负责的工作。

如果你已经将同事的那部分工作完成了，你可以说：

◇ "嘿，按我理解，我要完成 X 细节，你要完成 Y 细节，但上周我把 X、Y 细节都做好了,因为当时已经接近项目的最后期限而 Y 还没做好。你能和我说说这是怎么回事吗?"

如果你同事的那部分工作还是没有完成,你可以说:

◇ "我们无法推动 X 项目,直到你处理好了 Y 细节。你知道 Y 什么时候能完成吗?"

如果这种情况发生好几次了,你可以说:

◇ "我一直无法推进项目中我所负责的那部分工作,因为我一直在等你所负责的那部分工作彻底完成。我知道你手头还有其他工作在推进,但我有点担心这个项目延迟所带来的影响。有没有什么我们可以做的事情,以便我们确实可以在设定的最后期限之前完成这项工作?"

如果你想要更严肃地对待这件事,你可以说:

◇ "我知道你挺忙的,但如果你所负责的那部分工作不完成,那么就必须由我单独完成它们,或者项目完成时间被推后。这种情况已经发生很多次了,我想我们需要改变现有的工作方式。如果你没时间去完成你职责内的那部分工作内容,我们是不是可以去找简谈谈,对你所负担的这部分工作重新做出安排。"

7.3 你同事经常抱怨他的工作或者你们的经理

每个人难免会发泄对工作的不满。和这种消极的人相处会让人非常疲惫,而且很容易让人将一些小事情判断为大问题。

如果以前你曾经听到过某位同事的发泄,那么现在让他停止这样做。这可能会让你觉得很难开口。不过，这样做也是可以的！你可以根据自己的职场生活感受来组织语言。

◇ "我知道你对这里（公司）有些事情挺沮丧的。老实说，我的感受并不一样。现在，你的很多话让我陷入了一种消极的境地。我们能不能试着控制这种很消极的谈话，而多谈论些其他的事情？我真的会很感激你的。"

◇ "我发现，与你频繁讨论工作中所遇到的挫折，已经开始影响到我每天上班的感受了。我其实并不希望这样！我想试着更积极些，并把精力集中在我喜欢的事情上。"

当然还有另一种完全不同的交流方法。当你同事再抱怨的时候，你这么问他：

◇ "那么关于这一点，你打算怎么办呢？"

接下来，你还可以说：

◇ "听起来你非常不高兴，而且你已经向我抱怨一段时间了。那么关于这种情况，你现在考虑要怎么应对呢？"

如果你持续把话题转到那个方向上，你的同事很快就会明白，你并不是一个令人满意的、适合吐槽的对象……或者，谁知道呢，他可能真的接受你的建议，并开始思考如何应对这种情况了！

7.4 当你试图集中精力工作，你同事却不停和你交谈

让一个极度爱讲闲话的同事减少闲聊时间，往往需要好几

十 非情绪沟通

个步骤：首先，向他解释，你不像他那么喜欢闲聊，然后继续强化，直到这个信息在他大脑里生根发芽。

步骤一：在适当的时候打断你同事的话题。比如说：

◇ "实际上，某项工作我刚刚完成一半，因此我应该回去接着工作了。"

或者撒个善意的谎言，比如"我得准备好接听某个电话"，或者"现在不要说了，我有项工作，马上就到截止时间了"。

步骤二：如果你着急完成某项事情的意愿无法令他领悟你的意思，那你可以进一步提出更加宽泛的事情：

◇ "我非常喜欢和你聊天，但在工作的时候，我很难和你聊得太多。通常，我需要快速地回去工作。"如果你真诚地喜欢你同事的陪伴，那你可以加上"有时候，我很想和你一起喝咖啡，可惜这个项目我必须保证质量。因此，工作时，我们无法聊得更尽兴"。

◇ "我发现，我们每天一起聊天的时间太长，这已经妨碍我完成当天的工作了，因此我真的需要减少我们闲聊的时间了。"

◇ "我知道我们都有喜欢聊天的习惯，而这有时候会耽误我们的工作，因此从今以后，我将不断告诫自己不要这么做。我希望能提前指出这一点，因为当我聊得不像往常那么多时，我不想你认为我变冷漠了。"

当你的同事不断来找你聊天，且并不是唠叨社会性话题，而更多是关于工作的各种小困扰，你可以这么说：

◇ "我发现，为了保持专注，我需要长时间地持续工作。我想，要确保你的问题得到解答,我们可以每周安排一两次会议来讨论,而现在则应该抓紧工作,以便能挤出会议的时间。"

步骤三:现在你已经让他知道你需要减少和他聊天的时间了。因此,当他再准备和你聊天的时候,你可以直接而坚定地说:

◇ "抱歉,我得集中注意力。"

◇ "我正在工作。"

◇ "杜德,我本来能完成这篇新闻报道,你快把我毁了。我要把你关在门外!"

◇ "马上就是某项工作的最后期限了,我们晚点再说。"

7.5 你同事不间断的私人电话使你很难集中精力工作

如果同事的私人电话一直干扰你,甚至导致你无法正常完成自己的工作,那你必须直接说出来。你可以这样开头:

◇ "我理解,白天的时候你需要接听很多私人电话。然而,我发现,这让我很难将注意力集中在工作上。你可以在别的地方接听电话吗?或者我们还可以试试别的办法。对你提出这样的要求,我感到很抱歉!我也很想尊重你的需求,但有些时候我真的很难集中精力。"

如果这场对话之后,情况并没有改变,此时,你可以向他明确表示他需要改变的地方:

◇ "很抱歉再次提起这件事,但你的电话依旧在分散我的注意力。如果你的私人电话在一天之内超过一两个小时,那么你能把电话机从桌子上挪走吗?"

如果这次对话依旧没有成效,那么下一步你可以与你们的经理谈一谈。如果你觉得这样做有点古怪,那么请记住,这并不只是简单的职场人际关系事件;它已经影响你正常完成工作的能力了。你可以很直率地说:

◇ "上班的时候,凯尔的私人电话挺频繁的,这让我很难集中精力完成工作。我曾经试过用耳机,也尝试过要求他将电话从我们的工作区域挪开,但这都没有解决问题。有没有别的地方可以安排我的工位,或者您能让他在接听电话的时候离开他的办公桌吗?"

7.6 你需要从某位啰唆的同事那里得到简短的回答

想从某位唠叨且喜欢闲聊的同事嘴中得到关于某项工作的简短回答,这是职场生活中最容易产生挫折感的情况之一(至少对我来说是这样的,我通常没有耐心)。不过,如果你愿意直接告诉对方你需要的信息,那么你是有可能使自己与他的对话保持在合理时间内的。

当得知要与一位漫谈者进行工作交流时,你应该做的第一件事就是,在开始时就试着控制谈话方向。你可以这样说:

◇ "我只有一分钟,因此我想迅速地得知 X 的信息。"

◇ "咱们有很多问题要谈,因此请你尽可能简洁地回答我的问题。当我需要更多的细节信息时,我会告诉你。"

◇ "你能给我简单地概述一下 X 的信息吗?一分钟。"

- "我知道关于这项工作有很多信息,因此我们是否可以从最简短的要点开始讨论。如果我需要更多的细节,那我再问你,可以吗?"

你应该随时准备着打断双方的对话,并重新设定对话主题。这可能会让你觉得粗鲁,因为通常情况下,你大概不会打断某位正在说话的同事。然而,如果有人闲扯得太多,那插入的新主题可以更清楚地说明哪些信息对你是有帮助的(另外,说真的,绝大多数的闲聊者早就很习惯别人插入新的话题了)。举个例子:

- "我意识到,我并不是很清楚你说的内容——我知道这有很多背景信息,但我真正需要的是 X 的信息。"

- "很抱歉打断你,但由于我急于要这个数据,所以我们能直接看一下 X 现在处于怎样的状态吗?"

- "很抱歉,不知是不是我表述得不清楚。实际上,你刚说的信息比我需要的信息多得多!对于我而言,只需要 X 的信息就可以了。"

- "实际上,我负责的这部分内容只是论述 X。我们能集中讨论 X 的信息吗?"

7.7 你的同事总是将最棘手的工作留给你

你突然被安排了某项着急要完成的工作,而这是由于别人计划不周造成的。在这种情况下,你当然有权利拒绝,并且回复"在没有得到更多通知的前提下,我无法适应新的工作安排"。

然而,在某些情况下,如果你拒绝接受,那么你会给人留下"太过死板"的印象,而且与经理安排的优先工作事项格格不入。

不过,这并不意味着你对此不能表达意见。如果你的同事的延迟本可以避免,且对你完成其他工作产生了影响,那么你应该直接说出来。

首先,指出这个问题,即你的同事总是在最后一刻才将工作交接给你,而他甚至没有意识到自己的行为已经造成了问题:

◇ "有什么办法可以让我早点获知这种工作安排吗?转移注意力显然需要时间,而且当我正急于完成某项工作时,根本没有多余精力去应付新任务。理想情况下,关于这种着急要完成的工作,我希望至少能提前几天时间通知我,以便于我把它和其他优先事项放在一起。"

如果这次谈话并没有获得很好的成效,那么当这种情况再次发生时,你可以说:

◇ "我可以试着把它安排到我的工作日程中,但我今天和明天的工作计划已经满满当当了。这项工作的截止日期是否还有回旋余地?"

7.8 如何告诉同事,某项工作并不是你的职责

有句职场格言,即永远不要说"那不是我的工作"。在实

际工作中，你不应该对工作职责的描述太较真。这是真的，因为绝大多数的工作职责描述，都会伴随时间的流逝而逐渐形成、发展变化。不过，确实有这样的时候，你应该且有必要指出，自己不是处理某项特殊任务的合适人选。

当然，你不应该直接说"那不是我的工作"。相反，你应该解释自己为什么不是处理这项任务的合适人选。另外，如果可能的话，你可以建议一位更合适的人选。

◇ "X的截止日期马上就到了，这是非常紧急而需优先处理的任务。我必须集中精力才能完成此项任务。因此，很遗憾，我没法帮你。"

◇ "在商量分工的时候，奥菲莉亚和我决定，这个月我需要集中精力去清理积压的捐赠物品，因此这个时候，我不应该承担其他的工作任务了。"

◇ "嗯，通常我并不是处理这项任务的合适人选。我认为巴勃罗非常擅长，他应该能帮到你。"

7.9 同事太依赖于你的帮助

当你的同事是位新员工时，或者他刚刚接手一项新任务，你可能会很乐意帮助他；然而，当他经常需要你的帮助，且已经超过了合理的界限，那么和他交流一下这种情况是可行的。如果这已经使你无法全神贯注完成自己的工作，那么更应该好好和他谈谈了。

停止对他的帮助，这是最简单的且你应该最先尝试的选择。

十　非情绪沟通

你可以这样说：

◇ "我很抱歉，我正忙得不可开交，因此我帮不了你。"

◇ "今天真是忙碌的一天，因此我没法停下手头的工作。"

如果这样的表达没有成效，你可能需要表达得更直接一些：

◇ "既然你已经掌握了完成这项工作的基本手段，我就必须抽身而退了，因为我自己的项目已经堆积成山了。"

◇ "我们已经一起处理了这么多问题，以至于我都无法把精力放在自己的工作上了。因此，接下来，你可以直接找经理询问这些类型的问题吗？"

◇ "在你来询问我之前，我能要求你检查一下你的培训笔记吗？如果你已经检查过你的笔记文档且仍无法解决，那么我可以试着帮助你；不过，为了集中精力完成我自己的项目，我不得不减少这种帮助。不过，我想你能在培训笔记中发现大部分问题的答案。"

ASK A MANAGER

我该如何让我的同事不再利用我获得技术支持？

你有什么策略可以让我的同事们不再把我当作公司内部的技术支持吗？

第七章 明确责任问题 十

到目前为止,作为公司最精通计算机技术的员工,我很乐意帮助同事们处理一些复杂的或不常见的计算机故障。然而最近,公司里有些本应该很擅长计算机的同事,竟然把所有有关计算机的问题都抛给了我,包括从怎样将 Excel 中的单元格边框设置为"可见",到怎样浏览文件(不是开玩笑)。这真是让我非常困扰。太不可思议了,一个 20 多岁、已经取得相关学历且有一定办公室工作经验的同事,竟然不知道怎样在他电脑里浏览文件目录!

我觉得我无法宣称,自己手头的某项工作快到截止时间了或自己不能被分散注意力,因为处理他们的每个请求其实只需要几分钟,只不过这些时间累加起来就多了。同样,我也不想假装自己忙得无法停下来,因为如果我暂停手头工作与同事聊天,那别人立马就会发现我是在说谎。

我该怎样使这种情况不再出现呢?我觉得自己越来越沮丧了,因为我和同事的工资相等,而我的工作表现甚至超过了他们,可是我还要给他们讲解那些他们本应掌握的计算机基础技能。

首先,你完全可以说,这个时刻你不能被打扰,即使他们的请求只会占用你几分钟的时间。"对不起,我必须马上完成某项工作""我现在无法分散的精力""我今天太忙了,实在无法帮忙"……这样回复都是非常合适的。

不过,我听你说,你想继续和别人聊天,并且不想因此被 10 分钟前你拒绝的某位同事视为骗子。

因此,我认为你不能再帮他们做这种事情了,并且应该向他们解释为什么。比如说:"帮助你们处理这种事情影响到我了,因为这占用了我大量的时间。如果用谷歌查询问题,你就可以得到大量的帮助。这也是我自己解决大多数这类问题的方法。"

或者，如果你想清楚地表明你有时也愿意提供帮助，但前提是他们自己为此进行过努力，那你可以问："到目前为止，你尝试过什么方法来解决这个问题？"如果回答是并没尝试什么方法，那么你可以接着说："帮我一个忙，你用谷歌查询、了解这类问题之后，再来找我。我收到太多关于这类事情的帮忙请求了，因此我不得不限制帮忙的时间。如果你在这个问题上已经花了15分钟的时间而依然无法解决，那么你可以自由地来和我商量，但那15分钟应该能解决大部分的问题。"

另外，除了具体措辞的建议，我还想告诉你，解决这个问题的核心还是在于，你要相信——保护好自己的时间并对这些请求说"不"，也是可以的！如果你真的将"拒绝这种请求是可以的"这种观念内化为你自己的意愿，那么以上这样的回复从你嘴里说出来的时候，可能会更自然……而且，你可能以实事求是的方式将它们传达给你同事。这将强化他们的如下观念：实际上，你并不是他们随叫随到的帮助台。

第八章

消除对自己的冒犯

十 非情绪沟通

8.1 如何应对烦人的八卦问题

在《经理对话录》专栏中我收到了数量巨大的来信,他们想知道如何避开同事们的八卦问题——关于他们的感情生活、健康问题,甚至生育计划。

如果你在工作中遇到了过于私人化的问题,那么切记,你没有义务回答这些问题。通常情况下,当遇到提出这些不恰当问题的人时,人们会犹豫是否要停止这段对话,因为他们不想显得很粗鲁。然而,提出这些具有侵略性问题并要求你回答的人是他,并不是你。拒绝分享私人信息并不失礼。

你可以选择如下回复中的一种:

◇ "这个问题非常私人化。"

◇ "你为什么这么问?"

◇ "我不想在工作中加入这个话题——这个话题对我来说过于私人化了。"

◇ "讨论这件事,我会感觉很不舒服。"

◇ "咳,这话题变得过于私人化了,对吧?"

这些回答,足以让大多数爱管闲事的人闭嘴。然而,如果你的某位同事依旧坚持追问,那你可以这样回答:

◇ "请不要再问我了。这不是在工作场合中我想讨论的问题。谢谢。"

8.2 你的挫败感打败你的理性，导致你做出无礼的行为

理想状况下，当与一些令人沮丧的同事打交道时，不管对方的挑衅行为如何刺激，你总是能保持冷静。然而，因为我们都是人，而且有些同事真的非常烦人，所以有可能你偶尔也会达不到这种理想状态。

如果你的某些言行不冷静，那么你应该道歉。道歉并不意味着对方不粗鲁或没有错，只是代表你愿意为自己的行为负责。在大多数情况下，承担自己言行的后果，并为之道歉，将使你的行为更容易得到原谅（那些可能目睹了这一切的旁观者也会这么认为）。

如果这种情况发生了，有一条非常明确的准则你可以使用：

◇ "我想过来为自己之前朝你大喊大叫的行为道歉。当时，虽然我对我们的谈话感到很沮丧，但我不应该用那种语气和你说话，我道歉。"

当然，如果你发现自己经常需要为自己的粗鲁行为道歉，那就意味着你可能需要解决某些更大的问题。

十　非情绪沟通

ASK A MANAGER

我的同事在博客上发布的文章中对我进行了刻薄的评论

读者来信

我有一位同事，这里称他为"J"。J和我的座位相邻，而且在共事期间，我们一直相处得挺融洽的。他告诉我一些其私人生活方面的事情，我也会和他分享相同类型的事。

几天前，J给我看了一些他写的博客，而我留意了他的博客的网址。后来，我开始阅读他的博客。因为他已经给我看过那个页面了，所以我觉得自己做得并不过分。

然后，我发现在他最近的一篇博文里，他取笑我开始做身体排毒。我觉得自己受到了伤害，但令我更受伤的是，他的读者们在催促他开设一个新博客，专门用来记录我那些"荒谬"的事。很显然，他在博客里记录了很多关于我的内容，而且都是不友好的内容。

现在，我不知道应该怎么做才好。我认为应该忘掉这件事，并优雅地逐渐退出这段"友谊"，而且不再看他的博客。然而，他在博客上披露我的信息的程度是非常非常令人吃惊的。最糟糕的是，他最近又发布了一段对话，内容涉及我们的经理。我们经理因为接受治疗而不得不回家。J坚持认为这是因为处方药过量，而我为了停止这次对话，则将这一事件归结为"医疗问

第八章 消除对自己的冒犯 十

题"(从本质上讲,这段对话是私人的,而且,我的语气表明我不想再谈论它)。然而在其博客上,我则很像在传播经理的小道消息。

要找到他的博客并不难,而且根据他在博客上所分享的个人信息,想确认他所描述的公司一点都不难。

除了我自己的愤怒和对我所造成的伤害之外,他在网络上发布的这些内容可能也会使我们的经理感到非常尴尬。

最低限度来说,我真的很希望他能把这篇讨论我们经理的博客删掉,但我不知道该如何在不把事情彻底搞砸的情况下,向他提出这个要求。关于如何圆滑地处理这种问题,你有没有相关的建议?我是不是对他发布在个人博客上的东西太过敏感了(可能他从没打算要让我看见这些内容)?

J 听起来就像个混蛋。

你对这件事的敏感并非不合理。这位你自以为和他有亲密关系的同事居然在陌生人面前嘲笑你,这是非常令人讨厌的行为。

我会和他说这样的话:"虽然提起这个话题挺尴尬的,但我从你的博客上看到了一些你发布的文章。在这些文章中你写到了我和办公室的其他人。我对此感到非常惊讶。我没有意识到你会做这样的事,而且看到你的跟帖者所说的话,我觉得非常可怕。"随后,你可以先停一下,看看他怎么说。如果他此时还能保持基本的理智,那他会感到羞愧的。他可能会告诉你,他这样做只是为了宣泄工作压力,或者他对发布在博客的内容真的没有特别的用意。对于任何类似的回答,或是其他任何一种防守性的回答,你可以回复他道:"好吧,看到这些东西让我挺苦恼的。"

因为这种行为让人很苦恼,所以你完全有理由直接告诉他。这样他就必须直接面对在网络上对别人进行刻薄评论的后果。

在你们那次交谈之后,他很有可能会将这些博客上的文章都撤下来(或者有可能使这个博客成为"仅自己可见"的阅读内容,如果这也是一个选项的话)。确实,要把这件事放下,需要咽下严重的屈辱感。然而,如果他不这样做,或者你不想等着看他是否会这样做,那么你可以说:"如果你将这些关于我的博文删掉,我会很感激你。"当然,还有其他方式,比如"我真觉得你应该将关于经理的博文删掉""不管怎样,如果公司领导在网络上看到你发布的这些博文,肯定会很关切,而且很容易辨认出你是谁"。当然,这其实与他的自我拯救有关,如果你不想与他进行那个层面的谈话,那你也没有义务告诉他这些话。

同样,这也是一场令人不舒服的对话,但重要的是,你要记住,这是由于他的行为导致了不舒服,所以与你无关。

8.3 你的同事总是对你的零食说三道四

我不知道监督同事减肥的"警察"(那些总是督促别人减肥的人)是怎么想的,但全世界各地的办公室似乎都存在一种"流行病",即总有人对别人吃什么发表评论。对巧克力棒或小薯条发表这样的评论并不奇怪,比如"噢,今天有点调皮了"或者"能吃这样的垃圾食物一定很棒"。然而,从另一方面看,如果你经常吃水果或蔬菜之类的健康食物，你可能会听到另一种令人尴尬的说法："没关系的，这次就吃一个纸杯蛋糕。"

这不仅对那些为饮食失调而苦苦挣扎的人来说，非常糟糕。其实，对任何人来说，这都令人恼火。

如果你与某位经常这么做的人共同工作，你应该直接说出来，并要求他停止这么做。你可以说：

◇ "我们避免在这里谈论饮食——这对任何人都不好。"
◇ "你有没有意识到，最近你每天都对我吃了什么进行点评？"
◇ "嘿，你能别再对我吃的东西说三道四了吗？谢谢。"
◇ "对吃了什么东西，我们每个人都面对着很大的压力。现在不要再在办公室讨论了。"

经常评论别人食物的人，往往不曾思考过，那些对话信息是如何被接受、被理解的。因此，直接与他们进行交流，有时候也能使他们自己感到震惊。他们将意识到没有恶意的对话也是会造成伤害的。

8.4 你的同事不断地向你推荐食物

那些对你的饮食情况有强烈兴趣的同事，很有可能眨眼之间就会积极主动向你推荐食物，并坚持认为你需要一块蛋糕或者至少咬一口她带来的手工甜甜圈。一句简单的"不了，谢谢"应该就能起作用，但面对咄咄逼人的食品推荐人员，单是这句话可能还不够。

十　非情绪沟通

如果总有人坚持让你吃一些你不愿意尝试的东西,那么你可以试着说:

◇ "不了,谢谢。我对你的烹饪技术印象深刻,但我对自己的饮食有严格的规定。当大家把零食都堆在我桌子上时,我真是太有压力了。因此,如果你能让我说句'不了,谢谢',我真的会非常感激。"

8.5 你的同事总是不回复你的电子邮件

如果与你共事的某个人总是不回复电子邮件,那么,最好的做法就是放弃使用电子邮件,与他面对面交谈或使用电话交流。如果你早习惯了使用电子邮件,那么这种方式确实会让人很恼火,然而,有时候这就是你能得到你所需信息的方式。

这也就是说,在完全放弃使用电子邮件之前,你可以直接询问对方,自己能做些什么来使他能更方便地回复你。这绝对值得一试:

◇ "我注意到,通过电子邮件向你发送请求,总是很难收到回复。当我需要从你那里获知相关信息的时候,你觉得什么方式对你而言最方便呢?"

不管最终结果如何,这场对话至少使对方注意到了这个问题(也许他会感到羞愧,这其实更有利于问题的解决)。另外,对话也可能使你得到一些有帮助的信息——比如,如果你在主题栏中标记出相关的行动要点,他就会更快地回复你;他在上午的时间里集中处理电子邮件……

你可以试着提出某种行动方案。如果在一段时间内没有收到回复，那么你就开始实施。这种办法并不是每次都管用，但你仍可以试着这样说：

◇ "如果到周四之前我没有收到你的回复，那我计划去做 X。这样我们就能按时完成了。"

记住，如果你说了以上这样的话，你就必须给对方一段合理的时间来回应（比如说，一般情况下，至少要超过一个小时）。另外，如果你没有得到对方的指示且没有相应管理权限，那么你不能这样做。不过，在大多数情况下，这样的对话可以帮助你改变一些东西。

8.6 你的同事不给你充分的时间回复他的邮件

每个办公室都有这样一位让人恼火的同事，他给你发完邮件后，过不了几分钟就出现在你的办公桌前，并问你："你看到我发的邮件了吗？"或者，只要没有收到几个小时之前发送的非紧急邮件的反馈，他们就开始不断给你发送越来越焦虑的提示信息。（真希望这种让人讨厌的同事并不是你。如果是你，你必须忏悔而且下决心停止这样做。）

如果你身边有这样的同事，试着以这条准则来交流，"我注意到你做 X 了""问题出在了 Y 上""你能先去做 Z 吗？我保证这将使你获得你想要的信息。"

举个例子：

◇ "嘿，我注意到你经常过来确认我是否收到你刚发的电子邮件。我保证，查看你的邮件之后，我会回复的。现在你一趟趟过来和我确认，真的很让我分散注意力。在你发电子邮件之后，能给我一些时间进行回复吗？有时候，这可能需要花费几个小时。如果邮件中所提到的事项并没有时效性，那么我会更晚些回复你。请放心，我真的很注意给每个人回邮件。"

或者，如果你不想参与其中，那当你被打扰的时候，你可以通过坚持用以下回复来应付这个人：

◇ "对不起，我手头某项工作的截止时间马上就到了。当完成这项工作后，我会查看你的邮件的。"

显然，面对你的经理时，你不能这样做。这里我们所讨论的是平级同事及下属。

8.7 你的同事生病后仍然坚持上班，到处传播病菌

如果你的同事生病后还一直来上班，到处传播病菌，你可能会非常想大喊一声："回家吧，病菌贩子！"

其实你最好别用这种方式说。你可以向生病的同事指出，公司提供合理而慷慨的带薪病假；你也可以建议你的同事在家里上班。（如果以上两种安排你们公司均不提供，那让你的同事待在家里就很不现实了。）

这里有一些可行的表达方式：

◇ "你生病的时候愿意在家工作吗？我总是容易因伤风而染上流感，而且我猜想其他人也会是这种情况。"

◇ "生病后你一定很痛苦吧！老实说，我也非常担心自己会被传染。或者，我可以稍微分担一些你的工作，这样你在家工作或者休病假就轻松多了。"

如果你和这位生病的员工关系融洽，你可以说：

◇ "杜德，你把整个办公室都传染了。赶紧回家休息吧！"

8.8 你的同事总是打扰你和别人的谈话

你是否有同事总是抢着回答你向其他同事提出的问题，或者在你不想让他参与的私人谈话中，他突然出现并接上你的话题……如果你真有这样喜欢打断别人说话的同事，那么直接让他停下来，可能还会让你觉得尴尬。尤其是当你在一个开放办公室时，想区分私人对话和公开谈论，并要求所有人准确地奉行相应的礼数，这是有很大难度的。

坦率地说，如果这场对话是围绕社会性的话题，而且你在一个相当公开的场合，那么，坚持排除那些想参与这个话题的人，就会显得很无理了。

不过，如果对话是与工作相关的，那你可以设置一些界限。这里有一些方式：

◇ "实际上，我真的很想听听安娜对这项工作的看法。"

◇ "谢谢你提供的想法！可是，现在我真的很想和安娜谈谈，因为她曾经参与过这个项目。"

◇ "噢，我和安娜正在讨论一个工作项目——你需要找我或是她吗？我们大概还有5分钟。"

8.9 你的同事控制了整场会议的发言权

有些同事似乎将公司的每场会议都当成了他们独自表演的舞台。他们在发言中独占优势，对每件事情都进行冗长点评，且并不管这些事情与他的职责有没有关系。通常他们的这种行为总能得逞，因为没人愿意当面得罪他们，成为那个使他们闭嘴的"坏"人。如果你有幸成了主持会议的人，那你将有职责去转变会议的主题。你可以通过这样的语句来"拯救"会议：

◇ "为了确保完成议程表上的所有议题，让我们继续下一个话题。"

◇ "今天我们的会议只安排了45分钟，因此我会要求大家保留对议题的相关点评直到会议结束。关于该项工作的关键性人员请做好发言准备。"

◇ "尽管这是一个有趣的观点，但它使我们偏离了今天会议的议程，因此就会议的几项议程我们再讨论一下；如果会议结束之前还有时间，那我们可以再回到这个话题上。"

◇ "关于这个议题，我想给其他人一个机会来表达不同意见，谁还有什么想法？"

如果你不是主持会议的人，那么你能做的将非常有限。不过，你依然可以通过自己的行动来推动会议的议程：

◇ "我认为我们有点偏离本次会议的范围。我们能重新回到关于新办公室的工作计划上吗？"

◇ "这样听起来，关于怎样推动这个项目向前发展，我们已形成一致意见了；那么现在，我们是否应该避免纠缠这些琐碎的细节，转而讨论今天议程上另外两个事项呢？"

◇ "我只是想请大家注意一下会议时间——我知道奥里还有一些其他事项需要在今天的会上讨论，大家把精力集中在那些议题上可能更有意义。"

8.10 某位同事假装无所不知，并不断告诉你该如何做好工作

如果你与某个对任何工作都有想法的人共同工作——他总认为自己掌握着唯一的"真正的答案"，而且还喜欢告诉你该如何更好地完成你的工作，那么你最好的应对办法就是尽可能地忽视这个人。你无法改变这样一位无所不知的人，因此你最好不要让这些话影响到你。这是最简单的目标。

这意味着应该用类似如下的回复来武装自己：

◇ "谢谢，关于你提出的内容，我会认真思考的。"

◇ "我已经搞定这项工作了，但仍然谢谢你。"

◇ "对于我处理这项工作的方式，我觉得还不错；如果我需要相关的提示，我会告诉你的。"

保持简短和轻松，而且，不要参与讨论。

十 非情绪沟通

ASK A MANAGER

我的同事将我当作他的助理

读者来信：

我在一家小公司工作，这里一共才7个人。我喜欢我的这份工作，而且，我负责的几个项目都获得了总经理热情洋溢的点评。然而，这是一个由男性占主导的办公室，在这里只有我和另一位同事是女性。

我有一位叫吉姆的同事，他拒绝学习我们公司的操作系统，而所有的客户数据都在这个系统里。每次，他都会走到我的办公桌前，打断我手头的工作，让我帮助他查询某位顾客的相关信息。他甚至会打断我的午休时间（虽然我戴着耳机休息）。如果他看见我正在和某位顾客通电话，那他就会朝另外一位女同事曼蒂走去，让她来代替我做这项工作。他甚至会打电话给曼蒂或我问一些关于客户的问题，无论他外出办事、在家，还是坐在他公司的笔记本电脑前。

显然，吉姆把我们俩都当作他的助理，然而我们俩的工作职责都与他无关。他会要求曼蒂或我为与我俩没任何关系的顾客准备文稿；他还会让我为他的电子邮件签名设计版式，或者把照片保存在他电脑桌面上，以及干其他一些非常简单的事情。他其实有时间去做这些事情，但他就是不想。

在我们办公室的地毯上，吉姆来回穿梭，不断地从他的桌子，到我的桌子，再到曼蒂的桌子，然后回去。任何工作他都会让我们其中一个人来完成，而不管我们当时有多忙。他从来没有向其他同事寻求过帮助，我觉得他这么做，完全是因为我们是办公室里为数不多的女性。

我应该怎么做，才能让他不再拿他自己可以轻松处理的事情烦我呢？

他会持续这样做的原因，在于你和曼蒂的默许无意中强化了他的这种行为。你们的帮助和回应一直在鼓励他这么做，所以必须立刻停止。你们要训练他自己去做这类事情，或者到别处寻找帮助。

你可以使用类似这样的回复：

◇ "对不起，手头的项目马上就到最后期限了。你先试着查看一下系统手册吧。"

◇ "我不是很在行。要不你去问问利奥或者约瑟？"

◇ "你检查过数据库了吗？那才是你首先应该去求助的地方。"

◇ "对不起，我必须在午休结束前完成这项工作。"

◇ "你想让我给你的顾客准备一份文稿吗？对不起，我忙于处理X、Y和Z项目。凯特、利奥和约瑟都是自己做的，因此也许你可以问问他们，看看谁能告诉你该怎么做。"

◇ "对不起，我现在忙得转不开。"

◇ "到目前为止，你都尝试做了哪些操作？"

◇ "对不起，我怕是帮不上什么忙。"

十 非情绪沟通

◇ "约瑟写文稿非常出色,你去问问他吧。"
◇ "对不起,我没有任何有关这些顾客的信息。"

在某种程度上,你也可以考虑直接问他究竟是怎么回事。比如:"我很好奇,你一直让曼蒂和我帮助你干这些事情的原因是什么?按照我的理解,我们与你的工作领域是不同的。你有没有试着去问问利奥或约瑟,因为他们与你的工作很相近。"根据他的回答,你可以接着回复他:"你有没有注意到,你只向办公室的女同事寻求帮助?"

也就是说,在你和他进行对话之前,你要确定,关于你的岗位所承担的职责,你与你的经理的认知是一致的。如果吉姆把你当作他的助手,是因为他曾经被告知,安排你做这些事情是合适的,那么你需要知道这一点。如果不是这样,那么当吉姆向你们的经理抱怨时,经理肯定会支持你的。

8.11 你的同事总是故意将邮件抄送给你的经理

如果你的一位同事给你发邮件时总抄送给你的经理,那还真是挺烦人的。我们都不免会揣测这种举动的意图,比如"我不相信你自己能正确地处理这件事",或者"我认为你的经理需要意识到你并不胜任这项工作"。

如果你确信,你的经理并没有要求参与这项工作的具体细节,而且她也不愿意参与,那么你可以直接说出来。比如说:

◇ "我注意到你给我发的绝大多数邮件都抄送给弗罗拉了。有

第八章 消除对自己的冒犯

什么理由需要她也知情吗?"

◇ "实际上,关于这项工作,你不需要将邮件抄送给弗罗拉。我们试图使这类事情的处理更流畅,因此能避免许多重复劳动。关于这项工作的交流,你能从我直接开始吗?如果需要的话,我们可以随时告知我的经理。"

如果这不起作用,那你最好就别在意了。理想状况下,你的经理会制止他的;然而,如果你的经理并未出手制止,那说明这并不是值得操心的事情。在某种程度上,如果经过一两次这样的对话之后,你还想解决这个问题,那么会让人觉得你想将你的经理排除在工作流程之外。

8.12 某位同事总是绕过你而向他人指出你的问题

针对某些问题,你的同事很有必要绕过你去直接找你的经理。比如说,你挪用了公司资金,朝客户吼叫,或者你的行为是公司明令禁止的。不过,大多数情况下,你可以要求这位同事先与你直接沟通,因为这样,你才有解决问题的机会。你可以这样说:

◇ "尤利告诉我,你把 X 项目捋了一遍,并对一些细节有顾虑。将来,你能不能将这类信息首先告诉我?这样我就有机会直接了解到你的顾虑,而且如果我有相关问题的话,我也可以直接向你咨询。"

◇ "毕竟我在负责 X 项目,所以如果你对此有什么顾虑,还是请你能直接来找我。如果我们无法解决这些问题,而你依旧觉得这些问题足够重要,需要告诉尤利,那么你当然可以这么做。不过,我还是希望你能先找到我,这样我才有机会知道并回应你的顾虑。"

当然,这种方法也有不适用的地方:如果你同事之前已经向你指出过一些问题,而现在担心你屡教不改,那他跳过你去找到你的经理是合适的。(无论如何,这其实是你的同级别同事在没有权限与你共同解决问题时所采用的方式。)

8.13 当你与同事交谈时,他总是在查看手机或电子邮件

当你试图与一位同事进行交流的时候,他却完全低头查看手机或处理电子邮件。针对这种情况,你是否应该向他直接点明,以及应该怎么向他点明,这完全取决于你们的职级关系。根据职级关系的不同,你组织语言的方式也应该有所不同。

如果对方是你的平级同事,那么你可以试试以下的措辞:

◇ "我应该给你几分钟时间解决这个问题吗?"

◇ "我想,如果我们能集中注意力,这个讨论几分钟就能结束。你现在方便吗?或者你需要先处理你的电话/邮件。"

◇ "我知道你要应付一大堆事情,并且不得不处理来自你的手机/邮件上的信息。现在,你认为我们能花几分钟时间集中处理下这项工作吗?我想应该不会花很长时间。"

如果对方的职级比你低,那么你可以非常直接地要求他这

样做：

◇ "当我们讨论工作时，你可以把手机放下吗？"

不过，如果对方的职级比你高，在组织语言的方式上，你就需要更加谨慎。比如：

◇ "看起来您现在非常忙，我要不要晚一些再来？"

除此之外，通常情况下，在开会或是交流工作时，同时处理多重任务是职级较高人士的特权（当这个高职级的人正好是你的经理时，他就更有这种特权了）。不过，如果这成为一个经常性的模式，你可以试着说这些话：

◇ "当我们开始时，您一直在通电话，这导致我很难知道，我是应该继续和您保持对话，还是先等您结束电话。我实在不太清楚您是如何分配注意力的。我知道需要您处理的事情非常多，是否能将我们的会议安排在其他时间，这样可能更方便一些？"

8.14 你对同事喷的香水过敏

如果你的某位同事喜欢喷香水或使用其他可能会影响工作环境的东西，而这会使你产生头疼、喘不过气等过敏症状，那么你就需要和她进行沟通了。显然，健康的工作环境对你的重要性要远超过那些人让自己闻起来有玫瑰香、广藿香或麝香的渴望。

必须要明确的关键点是，你并不是对你同事的香水进行评

十 非情绪沟通

价,或暗示她在做一些不礼貌的事;而是希望她明白,这种香味正好是引发你过敏的原因之一。比如说:

◇ "你的香水非常好闻,但这味道好像引发了我的过敏症。我的头现在真的很疼。很抱歉,我知道提出这样的要求有点尴尬,但能否请你在办公室的时候不喷香水?"

◇ "非常抱歉,我对一些香水有非常严重的过敏症,而你的香水似乎引起了我的过敏。我知道这种要求有点过分,但你是否愿意照顾一下我,在办公室的时候不再喷香水?谢谢!"

第九章

设定人际关系的界限

十 非情绪沟通

9.1 你对凑钱给同事买礼物感到有压力

你的同事要结婚了！或者，要退休了！或者，生小孩了！或者，要过生日了！于是，大家准备为这些事项买礼物，并要求你凑份子钱。

在某种程度上，为类似的社交活动花少量的钱，这是职场交际的组成部分。

不过，有时候，这种做法会导致严重的错误。因为需要不断地凑钱，或凑钱的数额非常大，所以这会让人们感到很有压力。如果迫于压力，每个人必须交出的金额超过了你能承受或者你愿意承受的范围，那么这时你应该直接说出来，并且说"不"。这是可以的。

◇ "我很抱歉，这不在我的预算之内。"

◇ "这一阵我手头很紧张，但我很愿意写一张卡片。"

◇ "我现在无法做出什么贡献，但你能牵头为卡莉丝塔做一些事情，真是太好心了。"

◇ "我只能贡献 5 美元，因为我的预算没法让我拿出更多了。如果有其他人和我的情况类似，或者我们可以准备一份便宜点的礼物或一张卡片？"

9.2 你被迫向你并不支持的慈善活动捐赠

当同事们组织慈善活动时,大家的本意是好的;然而,他们往往忘记了慈善活动应该完全出于自愿。

即使你不想对某个特殊的募捐做贡献,那也不能说你是一个守财奴或混蛋。你的钱是你自己的,你完全可以决定怎么使用它。然而,如果你面对被迫捐赠的巨大压力,那么你可以试试以下的语句:

◇ "我的预算不允许我现在捐赠。"

◇ "我已经分配好了我的年度慈善预算。"

◇ "这可是一项很棒的事业,但我没法参与。"

◇ "不了,谢谢。"

如果在你的公司的工作氛围里,选择不参与这些活动会影响到你的职业发展及职场生活——本不应该是这样,但有时候确实会发生——那么你可以捐赠少量的金钱,并将之视作消除所面对压力的代价。有时候,即使看上去违反了自己的原则,但这种选择也是明智的。

十 非情绪沟通

ASK A MANAGER

我同事偷取了采购礼品的"份子钱"

读者来信：

前段时间，我们有位同事好心收集了"份子钱"，计划买"经理节"礼物并将礼物送给公司的项目经理及经理助理。然而，节日都过去一个月了，这份礼物还没有送出。他总找各种借口说忘了买。我们很多人都问他关于礼物的事。我记得我就问过两次。然而，依旧这样，没见他送礼物。最后，我们将这件事告诉了经理助理。经理助理找到这位同事，了解关于我们"份子钱"的事，并且问他给项目经理准备的礼物是什么。他找了一个借口，说他决定省下这些钱，给他们买一份圣诞节礼物。好吧，他从没告诉我们这个礼物计划有变。一个星期之后，他给我们经理送了他购买的一个手工制品。然而，这并不是我们所赞同购买的礼物。

我们不知道他花了多少钱买这两份礼物，但仅仅我给的"份子钱"都远远超过这一份礼物了，因此，他肯定自己留下了很多钱。我知道，关于钱的事，我们再也不会相信这个人了。然而，现在我们应该或者能做什么吗？

你应该清楚而坚定地告诉他——最好是和其他凑钱的人一起，你们想要一份那笔钱的使用清单，包括买礼物的收据。然后，你们可以要回剩下的钱。如果特定语言有助于你更好开口的话，那么我觉得你可以这样说："看起来，买完礼物还有钱剩下了——你能给我们看看购买这份礼物的收据吗？这样我们能知道每个人该支付的部分，然后将剩下的钱退给每个人。"

另外，除非他在你们交流之后立即做出改正，否则，就这件事，你应该提醒你们的经理——因为从同事那儿偷窃是一件非常严重的事。

9.3 你的同事一直触碰你，而你不喜欢

理论上，你知道自己有权利阻止某位同事触碰自己。然而，现实中，向别人说"不要碰我"可能很难，因为你可能会担心，他会认为你是在暗示"我认为你是个变态"（这可能是，也可能不是你真正想表达的意思，而且你还担心这会影响到你们的工作关系）。出于这样的原因，很多人忍受着不必要的肢体触碰。

然而，要解决这个问题，其实并不意味着需要一场超级尴尬的对话，并伤害到你们的同事关系。作为开场白，你可以这样说：

◇ "噢，我并不是一个习惯身体接触的人！"

你可以愉快而轻快地说出来，然后马上去做与工作相关的事情。很有可能，那位触碰你的人会理解你所传递的信息，并会感谢你处理的方式。

然而，如果这位同事将问题推给你，表现得好像是你有问题似的，或者他继续对你进行肢体触碰，那这个人肯定有问题。在这个时候，你不应该再担心同事关系会陷入紧张的局面。因为他忽视了你明确表达的愿望，所以才导致了双方关系的紧张。

在这一点上,你应该毫不犹豫地强化自己的观点。强化观点可能意味着要更强硬一点:

◇ "我想和你说一下,请不要触碰我。"

或者,这可能意味着你需要与你的上级经理谈谈,当然,这取决于具体情况。

我们在此谈论的是与性别无关的触碰。如果这与性别相关的,那么你应该跳过上述对话,直接说"把你的手从我身上拿开",并举报这个混蛋。

9.4 拒绝某位邀请你约会的同事

拒绝向你发出约会邀请的同事,可能比拒绝同事之外的人要尴尬得多,因为你将每天与他见面。

最好的办法就是直截了当。之后,你应该表现得如没发生过这件事一样。绝大多数人会观察你的言行举止,从而获得他们所关注内容的线索。如果你表现得一切事情都很正常,那对方的尴尬程度便会减轻。从另一方面来说,如果你表现得很不自然,那对方也会以同样的方式做出回应。

至于与对方说些什么,你可以试试这些话:

◇ "谢谢,但我觉得我们之间最好还是保持工作关系。"

◇ "谢谢你的邀请。我对与你约会不是很感兴趣,但我喜欢和你共事。"

◇ "谢谢,但我不会与同事约会。"(如果你后来和另一位同事约会的话,那这种回复可能会让你尴尬。当然,你可以选择改变你的想法。不过,如果你选择以上这种回复的话,最好还是将这个因素考虑进去。)

9.5 同事要求你别把他的秘密告诉经理,而你觉得不安

你的某位同事要求你别把他的秘密告诉经理,这可能没有什么大不了的(如果这个秘密是"我认为这个战略挺蠢的"或是"由于我的精神状态,我真的需要休息一天")。然而,有时候,你同意保守这个秘密,会让你陷入非常不舒服的地步,甚至会让你在公司站不住脚(比如,你同事说"我偷盗了公司的资金"或者"我要一直向那个一直拒绝我的实习生发出外出邀请")。

如果你发现,从道德上来说,自己有必要将自己所掌握的信息披露出去,那么通常情况下,最好的做法就是诚实地面对这一点。你可以这样说:

◇ "我现在处境非常尴尬。我有义务将类似的事情告诉塞西莉,引起她的注意。我想坦率地和你说,我觉得我必须把这个信息告诉她。我感到很抱歉,因为我知道你很相信我,所以才向我说了这些事情。不过,我希望你能明白为什么这会使我很为难。或者,你愿意自己去和她谈谈这事吗?"

9.6 同事们频繁邀请你参加一些社交活动，而你不想参加

如果你的同事在工作之余经常举行社交活动，而你一次又一次地拒绝大家的邀请，那么你可能会感到尴尬。你不想你的同事误会你不喜欢他们，但你可能更倾向于在职场生活与社交生活之间划定界线。

如果是这种情况，你可以尝试以下这些回复：

◇ "我真的特别感激你邀请我参加这个活动。不过，通常情况下，我晚上都有其他的安排。再次谢谢你们想着我，希望你们玩得愉快！"

◇ "邀请我参加你们这些活动，你真是太好心了。不过，我更倾向于将工作和个人的生活分开，因此我不太想接受这些邀请。不过，真的很感激你把我也包括在活动人员之内。"

9.7 与某位想和你建立亲密友谊关系的同事划定界限

如果某位同事想与你成为现实中的亲密朋友，比如工作之余一起闲逛，晚上给你打电话，然而你并不愿意接受，那你需要友好地拒绝同事。通常情况下，友好地拒绝同事其实挺棘手的。当你认识的人想要与你建立更亲密的关系时，如果你觉得不妥，就可以很容易地设置界线，并减少你们在各个场合互动

的数量。然而，对一位同事而言，无论是否愿意，你都可能与他进行常规的互动，这使大多数表达"我不喜欢你那样"的信号很难传达出去。

这里给你提供了两种选择：① 你可以依赖各种提示来表达你的意思；② 你可以直接与对方交谈。

尽管依靠提示的表达方式听起来像是在逃避，但如果能在不伤害对方感情的情况下传递这些信息，那么这也是一种友好的方式。不过，非常重要的一点是，如果你看到提示的表达方式不起作用，那你就得改变策略。

你可以用如下提示作为对话的开场白，然后看看是否能解决问题：

◇ "我现在的日程安排很紧，因此我无法在工作之余出去玩。"
◇ "我无法回复很多邮件，因为很多工作的截止日期快到了。"
◇ "对不起，我这会儿很忙，真的没法和你一起聊天。"
◇ "我现在有很多工作要做，不能参与社交活动。"

不过，如果你已经尝试和同事说过几次，而他依然邀请你加入每晚的欢乐时光，那直接说可能是更为合适的方式。你可以尝试这样说：

◇ "有时候我也会在工作之余出去玩。不过，对我来说，这是每隔几个月才去一次的小概率事情，我不太喜欢它。"
◇ "上个周末我收到你邀请我出去玩的信息了。诚实地说，我喜欢把职场生活与个人生活区分开，因此我不大愿意和同事们进行很多的社交交往。不过，你即将要去的艺术展听起来非常酷,希望你愉快!"

保持热情和愉悦的语气,你将更容易维护并保持你想要的边界。

9.8 如何解释在社交媒体上你不与同事建立联系

在选择是否及怎样与同事在社交媒体上保持友好联络时,人们总有各种各样的偏好。相比于脸书(Facebook),有些人更喜欢领英(linkedin),因为他们想在工作与个人生活之间保持界限。然而,另外一些人完全可以在任何社交媒体上与同事联络。

这两种选择都是正常的。但如果你属于第一类,那么当你偶然遇到某位同事时,她可能想知道你在脸书上没有接受她的好友申请的原因。

当然,你可以选择接受她的好友申请,然后调整你的隐私设置,这样就不会有同事看到你发的帖子。然而,如果你不愿意这样做,试着以如下方式来回应:

◇ "噢,关于脸书,我的观念真的很老旧了。我好像被灌输了这样的观念,即在职场与个人生活之间保持界限(脸书上全是我的个人生活信息)。因此,如果我们之中,有谁换了一家公司,那我们就通过脸书保持联络吧。"

◇ "我几乎都不上脸书了。现在我只是用它来看看我侄女和侄子的照片。不过,我们可以在领英上保持联系。"

这些回答方式不仅可用于你与平级同事交流,和你的经理交流时它们也很有效。

第十章

学会拒绝

十 非情绪沟通

10.1 要求同事在工作时间之外停止给你发信息

如果你不在工作岗位上的时候,你的某位同事用短信对你的手机进行狂轰滥炸,而你想让他停止这种行为,那么这里有两种表达方式你可以用:

◇ "晚上收到短信让我很难摆脱工作状态。你能到白天工作的时候再发给我吗?如果你能这样做的话,那我真的很感激!"

◇ "晚上在家的时候,我很想把自己从工作状态中解脱出来。如果下班后你还需要发送相关的工作信息给我,那你能不发短信而发邮件吗?当白天上班时,我会看见邮箱中这些信息的。谢谢。"

10.2 你的同事试图让你在争论中偏袒他,而你并不想参与其中

人们在工作中意见不一致,这很正常。然而,在一场与你没有任何利害关系的争论中,你并没有义务偏袒哪一方。尽管绝大多数的同事会尊重你的立场,但如果有同事给你施压,要求你在一场你本想置身事外的争论中站队,那么你可以参考以

下的表达方式:

◇ "对我来说,与你们每个人的工作关系都非常重要,因此我就不参与讨论了。"

◇ "我可以看到这件事情的两面性。不过,我还是不想介入。希望你能尊重我。"

◇ "我知道你很心烦,我也很遗憾发生了这样的事。不过,我必须和你们俩一起工作,因此我不能偏袒任何一方。"

◇ "这听起来真的很难!我不认为,我是参与这场争论的合适人选。很抱歉我帮不了你。"

10.3 你在邮件中针对某人发了牢骚,并不小心把邮件抄送给他了

对于这种情况,每个人都非常警惕。然而,不知何故这种情况还是在你身上发生了……直到你觉得大脑"嗡"的一声,你才意识到自己刚刚在电子邮件中抱怨了某位同事,随后又将邮件抄送给他了。

接下来该做些什么呢?承担责任并为自己的行为道歉。尽管这对于你们俩都是尴尬的,但这样做是对的。另外,比起让事态发展几周,甚至几个月,此时的尴尬其实是很小的代价。你可以这样说:

◇ "我需要为我刚刚发送的邮件向你道歉。我的评论并不友好,而且我对此感到很不安。我为我说的话感到抱歉。"

十 非情绪沟通

如果你在邮件中所写的牢骚话，是源于你合理的顾虑，且你没有对此直接与对方交流过，那么现在可能是时候把这个顾虑消化了。比如说：

◇ "我需要为今天早些时候给你发送的邮件向你道歉。我对你处理 X 项目的工作方式发表了不友好的评论。尽管我是在发泄情绪，但这并不是借口。事实是，我接到这项工作任务时已经非常晚了，这让我很沮丧，而我希望能得到提前的通知。不过，我应该直接与你交流，而不是对别的人抱怨什么。"

10.4 你在公司的假日聚会上喝多了

你在公司的活动场合喝多了。也许因为空腹，所以你误判了自己的酒量；也许你的勇气胜过了你的理智；也许你只是把平日的谨慎抛到九霄云外，彻底放纵自己。无论什么原因，除了剧烈的头痛与眩晕之外，现在你还要面对一个非常可怕的现实，即你同事看见你像个傻瓜一样在桌子上跳舞、咆哮。当然，还可能更糟糕！我曾经收到一封读者来信，说有人在他们公司的假日聚餐时喝多了，将他们的经理狠揍了一顿。我真心希望你没有那么做。

如果你自己觉得很尴尬，最好的做法就是直面现实：向喝酒时与你互动最多的人承认你喝多了，并且要保证以后会更好地控制自己。另外，如果你的行为让别的人感到不舒服，你要道歉。比如说：

◇ "我对周五聚会上我的行为感到很羞愧。我没有意识到我已经喝多了,但这是显而易见的。如果我让你或是其他人感到不舒服,那我非常抱歉。我将来在公司的这些活动场合不会再喝酒了。"

同样,对自己喝多的事实最好有一个简单的解释,比如说你没有意识到自己是空腹喝酒。如果能巧妙地提到这一点,那么大家就会理解你的醉态。

ASK A MANAGER

某位同事总是大声地打嗝

读者来信:

在公司,我们部门非常安静。由于绝大多数的工位间只隔着齐腰高的木板(也就是说,没有隐私),所以我们相互都很体贴:听音乐时用耳塞,在楼梯间接私人电话……

办公室一侧有一排带门的小房间。我们新来的IT咨询台便被安排在其中的一个房间里。整体而言,新IT咨询台助手比公司过去那几位有很大的进步:相当友好,看起来知道自己在干什么,能协助我们完成工作。

然而,他总打嗝。他打嗝的频率不但很高,而且声音听上去非常响。即使办公室的门紧闭着,有时候他的打嗝声还是让人觉得恶心。

十 非情绪沟通

　　我不知道怎样去处理他打嗝这个事。他的上级领导与我们不在同一幢大楼里；我们的"人力资源部"只有一位工作量超负荷的人，每天主要忙于招聘和福利。我不想成为一个管闲事的混蛋，但这种情况确实在破坏办公室的环境。有什么好主意吗？

　　打嗝可能是身体问题，在这种情况下，他自己可能没法解决。当然，这也可能根本不是身体问题。在你没有与他交谈之前，你不需要去假设这个问题的性质。我会用这种方式来说："嘿，我不知道你自己是否意识到，当你打嗝的时候，我们在外边都能听到。这真的很让人分散注意力。你有什么办法能控制一下，或至少让打嗝的声音小一些？"

10.5 你的同事发表了一些带有偏见的言论

　　如果你有位同事在工作场合发表了涉及歧视、恐吓等很偏执的言论，那么你有很多种方式来表达"这种言论并不受欢迎，我不想听"。以下是一些你可以尝试的说法：

◇ "我希望你不要再说这个话题了，因为我并不认同你的观点。"
◇ "我发现这真的很无礼！请不要在我身边说这种话。"
◇ "关于这个主题，我的看法和你不一样，而且我不想在工作场合中听到这种评论，不要再说了！"
◇ "这样的评论对大多数人来说都很无礼，而且在工作场合并不受欢迎。我不想再听到这种评论。"

如果这位偏执的同事回复你说，这些评论并没有那么糟糕，是你太敏感了，或者其他……那除了让他闭嘴之外，你还可以这样说：

◇ "再说一次，我告诉你这些评论在公司并不受欢迎。而且，根据相关法律，公司可能要承担相应的法律责任，所以真的请你闭嘴！"

如果这依旧没有成效，那么下一步你应该与你的经理或公司人力资源部谈谈，因为你的同事的言论真的给公司带来了法律风险。坦白地说，如果你愿意，那你其实有充分的理由直接找人力资源部。不过，在很多种情况下，人力资源部会问你是否曾要求那个同事停下来，这时如果你能给出肯定的答案，那么这将对你有很大帮助。

10.6 你的同事总是强迫你参与无聊话题的讨论

在社交场合，尽管总有些人试图强迫你听那些不受欢迎的无聊演说，但你可以避开这些无礼的人。然而，在工作场合，由于你是一名被"俘虏"的听众，所以很难避开这些人。除此之外，你还会对同事关系有所顾忌。

不过，这并不意味着你要陷入一场与你意志相违背的无聊话题之中。你只需心甘情愿地提出要求，并礼貌而又坚定地让这场讨论停下来。比如说：

◇ "我在工作场合不愿意讨论这些无聊的事情。谢谢你的理解。"
◇ "我对这些无聊的事情感到厌倦。我们讨论点其他的事

十 非情绪沟通

情吧。"
- ◇ "我有一条基本原则,即在工作场合不讨论这些无聊的事情。不过,你听说了吗?明天早上停车场会有一辆甜甜圈卡车。"

如果在你说了这些话之后,对方依然找你谈论这些事情,那么你应该坚定地强化你的观点:
- ◇ "我绝不与你讨论这些事情——说真的,请停下吧。"
- ◇ "我不想与你讨论这些事情。请停下吧。不管怎样,你能告诉我新产品宣传单页的情况吗?"

如果直接请求不起作用,那么就明显地转换话题(尤其是与工作相关的话题),或者找个借口离开你所在的地方(比如从打印机里拿东西或者直接走向茶水间),通常这会使这位无礼的人反应不过来。

10.7 年长的同事对待你总像对待孩子

如果你是职场上较为年轻的一代,那么你可能会遇到某位年长的同事,而他与你的互动更像是父母与孩子之间的互动,而不像是普通同事之间的互动。有时候,对你的健康状况、恋爱对象、饮食情况及你的穿着是否符合天气情况,他们表现出过度的兴趣。

如果这位同事对你的评论相当温和,你可以选择听完就忘,或者回复一句干巴巴的"谢谢,我知道了"。然而,如果他对你的评论频率过高,或者你感觉这些评论削弱了你的工作的专业性,影响了你对待工作的严谨态度,那么直接说出来。比如说:

同事："你非常可爱，我真希望你能找到合适的男朋友。我觉得，如果你花更多的心思注意你的头发和衣着，你会让男人们排队追你的。"

你："我不愿意在工作场合讨论我的外貌或我的恋爱生活。谢谢。"（如果想更轻松地直接说出来，你可以用"我知道你的建议是出于好心，但是……"作为开场语句。）

同事："不要忘记穿上厚夹克——外边还挺冷的。"

你："你提醒过我好多次了，而且我向你保证，我完全可以照顾好自己。我并不是想特意提起这件事的，但我注意到，除了我之外，你不会提醒其他任何同事，而且我也不想其他人认为我比别人更缺乏自理能力。谢谢你的理解。"

同事："关于今天健康保险的会议可能会让人云里雾里。要不要我再详细地和你讨论一下？"

你："我不确定，你是否意识到，你对我与其他同事有多么不一样。我认为，这只是因为我更年轻一些。从现在起，我希望你用对待其他同事的方式来对待我，而不是像对待一个需要你帮助的年轻人。"

10.8 下班时，同事总是请求乘坐你的车

在《经理对话录》专栏中，我收到了大量来信，均是关于同事请求蹭车所带来的烦恼。通常情况下，人们愿意提供一两次这样的帮助，但并不想这成为同事常规的交通方式。

令人沮丧的是，你答应的次数越多，就越难拒绝。然而，

十 非情绪沟通

如果你愿意说出来的话，你完全可以在车里保留自己的私人时间与空间！避免成为同事的司机，最简单的方式是指出，你要承担其他的义务，而搭车的同事会造成干扰。你可以这样说：

◇ "我没法再载你了，因为下班后我有别的事情，要从另外一个方向走。"

◇ "从这几天开始，早上的时候我要把我太太送到其他地方，这样我就没法再捎着你了。"

◇ "下班后，我急着去处理一些其他的事情，因此我不能再开车送你了。"

坦白地说，如果你乐意的话，你也可以直接解释你非常珍惜自己独处的时间：

◇ "我发现，在下班后我真的需要一些独处的时间让自己缓缓，这样我不会在晚上的时候感到筋疲力尽。开车回家正为我提供了这样的时间，谢谢你的理解，我不能再开车捎着你了。"

记住，如果你同事一直定期依靠乘坐你的车出行，那么在你想改变交通安排的时候，应该提前一周告诉他。这样对方就有时间安排其他的交通工具了。

10.9 你获得了你的同事想要的职位

尽管你可能对自己的升职感到兴奋，但在面对同样想获得这个职位的同事时，你可能很难想出什么合适的话语。不过，比起在不舒服的状态下保持沉默，直接面对并且说一些友好的话往往会化解一些尴尬。

◇ "我知道你对这个岗位也非常感兴趣。我想说,我觉得你真的很有才华,而且我知道你肯定会前途无量的。"

10.10 某位同事对你很粗鲁

如果你的同事在对待你时,态度粗鲁、不屑一顾,很像是一个混蛋,那么冷静而友好地指出对方的失礼之处,可以既让他意识到他已经出格了,又表明你不会默默接受。

有一次,我与一位同事交流,他似乎很快便感到受挫,并开始说了大量很有攻击性的话,我用了这样的措辞来应对:

◇ "我喜欢和你一起工作,但我不知道你是否意识到,有时候你对我说话的方式让人接受不了。你这种说话方式让人觉得,你根本不想听我说的话或者你一点不在乎我的意见。这样让我们一起工作变得非常困难。"

另一种选择:

◇ "听起来你挺受挫的,而且我知道这让人很愤怒。不过,此时你正用一种很咄咄逼人的语气来交流,而这一点也不利于事情的解决。"

你甚至不需要说那么多。在面对公开的无礼行为时,你只要给对方一个尖锐的(甚至失望的)眼神,然后说道:

◇ "哇,我希望你要表达的并不是听起来的那种意思。"
◇ "发生什么事了?"
◇ "这是怎么回事?"

10.11 某位同事将你的想法占为己有,并获得好评

如果同事将你的想法占为己有,并获得好评,那么你不要眼睁睁地袖手旁观。直接说出来,并且告诉他,你希望他停止这么做。

有可能他并没意识到自己这么做了,在这种情况下,他需要得到别人的提醒。如果他是故意这么做的,那被直接指认出来后,在将来他就很难再次得逞。

这种情况一旦发生了,你可以说:

◇ "嘿,早些时候你和莉莲分享的想法是我昨天在会议上提出来的。我相信,你并没有暗示这是你自己的想法。不过,接下来,还是请你指出,想法属于那些提出它们的人,那样莉莲就会知道我们每个人对工作做出了怎样的贡献。"

如果这已经成为他的一种习惯,你可以说:

◇ "我注意到,当我在你面前提出一些新想法后,你经常转述给莉莲,可是你没有说明这些想法最先是我提出来的。我希望她知道我对工作的贡献情况。你能让我自己去和她分享我的想法吗?"

如果你看到占据你的观点的情况正发生在自己眼前,那直接参与进去,并在对话中发挥主导作用:

◇ "实际上,这就是我在会议之前向杰米解释的想法。关于这个事情,我的想法是……"

第十一章

避免尷尬

十　非情绪沟通

11.1 某位同事似乎对你感到不满，但你不知道原因

如果有位以前很友好的同事突然表现得对你很不满，而你并不知道其态度转变的原因，此时你有两个选择：要么忽视他的这种转变，要么和他说点什么。

有时候，忽视这种转变是很合适的，因为这将给对方一定的空间。你可以继续高高兴兴地、专心致志地工作。在工作场合，人们并不想就情绪与其他人展开一场深入的讨论。

然而，有时候你可能想问问到底发生了什么，尤其是你担心你的语言行为无意中可能伤或冒犯了你的同事，而你一无所知。如果是这种情况，试试以下的语句：

◇ "我感觉，我可能做了一些让你不高兴的事。如果是这样，我想试着改正。"

◇ "我注意到，我们今天说话的氛围不像以前了，我做了什么让你不高兴的事吗？你能和我说说吗？"

◇ "我担心我可能无意中做了什么让你不高兴的事。如果是这样，那我感到非常抱歉。我们能谈一谈吗？"

11.2 你不准备邀请同事参加你的婚礼

如果你和你的同事们经常交流各自的私人生活,那么当你要结婚的时候,他们很可能都知道了。因为很多人都喜欢讨论婚礼,所以你很容易就会分享关于自己婚礼计划的很多细节。然而,在这种情况下,你对同事说"噢,对不起,我不能邀请你"时,你可能很尴尬。

其实,你没有义务邀请同事参加自己的婚礼。如果你愿意邀请,很好!但如果你不喜欢,你可以这样说:

◇ "抱歉,我们将婚礼规模控制在很小的范围内,以至于不能邀请双方的同事了。"

◇ "抱歉,我们家里的亲朋好友实在太多了,因此我们的确没办法再邀请其他人了。"

◇ "我真希望可以邀请这里的每一个人,但我们婚礼的场地不够大,不能容纳太多人。"

这种说法提供一种解释,即并不是"我们不够喜欢你"。绝大多数人都理解,因为新婚夫妇对他们能邀请多少人参加婚礼,总是面临一些条件限制,所以如果这一点从你的措辞中表现出来,那么你就能够避免那些不愉快的情绪。

十 非情绪沟通

> ASK A MANAGER
>
> ## 我不小心拥抱了我们公司的首席执行官

读者来信:

今早上班时,我正好赶在首席执行官到达之前走到了办公大楼的门口。我为他打开门,而他凑过来拥抱了我——我之前是假设扶好门后,自己再走进去的。我是女性,而且此时我不知道这是不是只体现了所谓的绅士精神?不管怎样,我内心将之解释为他需要一个拥抱。不过,在意识到早上以拥抱的方式向同事打招呼并不是人们经常做的事之前,我的本能反应已经做出了(是的,我也拥抱了他)。当走向电梯的时候,我们都假装这并没有发生,并且还闲聊了几句。

关于这个拥抱,我该有多尴尬?如果随后,继续假装它从来没有发生过,这是最有效的解决方式吗?

虽然我和他关系很友好,但是我们彼此并不太了解。当公司雇用我为初级职员时,他有参与其中;几个月前,我们在电梯里一起讲过一个笑话,我们的交集仅此而已。我们从来没有每天面对面工作。

噢,这种事如果发生在我身上,我可能在很长一段时间中都会心神不宁。

理想状况下,在这种情况发生的瞬间,你应该对此开个玩笑（"噢，天哪，我不知道刚才怎么回事，今天早上我身体里好像有台自动驾驶仪"），然后与对方一笑了之。

当然，在事情发生的瞬间处理好它并不容易，尤其是当你一直在纠结"我到底做了什么"时，更是如此。因此，如果是我，那我会在事后细细琢磨那些让人尴尬的事情，并直接向对方说出来。如果你像我这么做，那么也就意味着你不得不处理另一种尴尬，即与对方就此展开一场对话。不过，你应该非常高兴能纠正自己担心给对方留下的错误形象。事实上，我认为如果你能以适当的方式进行幽默和自嘲，人们会发现这样的性格很可爱。

因此，当你再一次见到他的时候，你可以这样说："嗯，我想那天在办公大楼的门口我可能拥抱过你。当时是早晨，我还处于不清醒状态，而我不知道这是怎么发生的。从那之后，我一直感到窘迫，因此我觉得我得和你交流一下。"在说出这段话的瞬间，你心中的重负就彻底卸下来了。

不过，你可能不会这么想！或许我的建议你实在接受不了，你更愿意顺其自然，把它当作一个让别人开心的尴尬故事。（如果你在公司确实很少遇到他，那这种方式确实行得通。）

或者，你告诉自己，应该是他感到窘迫吧——因为他主动拥抱了你，而你被迫回应了他。

11.3 当同事失去了至爱的人

当同事刚刚经历了令人崩溃的亲人离世等事件时，很多人觉得自己必须向他说一些合适的安慰语。然而，人们往往担心提到这件事又会再次唤醒他的痛苦记忆。

其实，我们的日常礼节已经为这种情况提供了恰当的用词，你不需要太过踌躇。千万别弄巧成拙，如果你表达错了，反而会适得其反，后果非常严重。你应该坚持这个原则："听到你失去了××，我感到非常遗憾；你要保重身体，节哀顺变。"

◇ "听说了你母亲的事，我感到非常难过。这可真是令人心痛。我想你知道，我一直牵挂着你和你的家人，保重身体。"

你可以直接和这个人说，也可以写一张卡片，或者一封邮件。有很多人（数量多得惊人）在这种情况下会保持沉默（毫无疑问，为了避免尴尬的局面），而绝大多数处于悲伤中的人会对向自己表达心意的人心存感激。

11.4 与同事们交流一些艰难的个人事件

人的生活中总是会遇到各种各样的坎儿，比如与伴侣离婚，被诊断患有严重的疾病。你可能并不想在工作场合与同事交流痛苦的话题，或者面对某些人对这类消息所做出的奇怪反应。

在工作场合，假如你想对这些事情保持低调，那么，最好的方法就是实事求是。比如说，如果有人问起你的伴侣，你可以简单地说："实际上，泽维尔和我正在办理离婚。"然后，同事可能会表达出关心和悲伤，你可以接着说："谢谢。对我来说，现在是一道坎，但我们都会熬过去的。"或者，你也可以说："我们都能处理好这件事。"这些话语能使别人相信，你确实会继续好好生活（显然，如果你不想，那么他们就无须安慰你了。）

很多人认为,如果他们不询问你到底发生了什么,或者不关心你处理得怎么样,那么他们就难言体贴。因此,如果你不愿意他们询问你,就要明确地表达出来。大多数人会理解这样的回复,比如"我处理得很好,而且现在已经专注于工作了"。这句话的实际含义是"我们不要再谈论这件事了"。当然,有些人可能没有领会到你的提示,这时候你可以更直接些:"我不想在工作场合说这些事情。不过,请放心我会处理得很好。"即使你并没有处理得很好,但如果你想避免更深入的谈话,那么这也是最好的方法。

另一个选项是让某个特定的人帮助你传递这个信息。那个人可以这样说:"克洛伊取消了她的婚约。她处理得很好。如果大家不去问这些事情,那她会很感激。"

11.5 当你辞职而没准备
告诉大家你要去哪儿时,如何与同事交流

当你提出辞职时,你身边的同事很可能会问你下一步要干什么。通常情况下,人们会乐意回答这个问题。不过,偶尔你也可能会由于某种原因不想告诉别人你要去哪里。比如说,你可能在公司的竞争对手那儿获得了新工作岗位,或是你现在所在的公司很绝情,因此你相信你原来的经理很可能会在你的新经理面前恶意攻击你。

不过,如果拒绝说出你要去哪里,以及你下一步要干什么,那么可能给人留下古怪的印象。与其明确拒绝分享信息,你可

以给出一个含糊的答案。举个例子，你可以说：

◇ "是一家在不同领域的小公司。我还是从事类似现在这个岗位的工作。"

如果除以上回答之外，你还感到有压力，你可以说：

◇ "有一些细节我还没了解透彻，没准备好怎么和你说。不过，等所有的事情都安定下来后，我会让大家知道的。"

11.6 对于刚刚被解雇的同事，你应该说些什么

那些被解雇的人往往会告诉你，在其工作经历中最奇怪的事情之一便是，有非常多的同事竟然没有和他们说再见，甚至包括某些与他们一起工作过多年、有过紧密工作联系的同事。

当然，如果这种情况发生了，那是因为人们感到很尴尬而不知道要对这位被解雇的同事说什么。如果你正在努力解决这个问题，那你可以说：

◇ "对于不能再与你一起工作，我感到非常遗憾！作为同事，我非常珍惜与你一起工作的经历，希望我们能保持联系。在你找下份工作的时候，如果我能帮忙做些什么，那你一定告诉我。"

这里，你可以提到一些与他共事的具体细节，并表示你非常珍惜与他共同工作的经历。情绪可能非常低落的他肯定会非常感激你。比如说：

◇ "通过观察你与各种客户打交道，我学到了很多东西；而且，

我真的钦佩你在面对混乱时保持冷静及独立思考的能力。"

关于解雇这件事,你也可以表达"发生这样的事情,我感到非常遗憾"之类的感受。不过,总体说来,你应该避免说"我不知道你的经理是怎么想的""他们是不是疯了,让你离职"之类的话。在很多时候,你可能并不知道到底发生了什么事情(通常情况下,当你对所有的细节都知情的时候,你就会发现,那些从外部眼光很难理解的辞退决定往往牵扯很复杂的情况)。

11.7 你不愿意成为同事的推荐人

如果某位同事要求你做他的推荐人,而你认为你没办法给他特别好的工作业绩评价,那么你有如下几种应对方式(非常遗憾地说,没有哪种是不尴尬的):

◇ "非常不幸,我不认为自己是最合适的推荐人选,因为当我们共事的时候,我们对 X 项目和 Y 项目有过比较大的分歧。我也知道,对于其他工作来说,这并不是什么问题,但对我来说,这意味着我无法成为一名强有力的推荐人。对不起,我帮不上忙。"

也可以向他解释,你无法准确地描述他的工作,因为你并没有真正管理过他:

◇ "我认为我不会是一个好的推荐人,因为我没有像经理那样的立场,从而无法对你的工作进行评价。"

如果你们有较亲密的友谊,你可以说:

十　非情绪沟通

◇ "我不愿意为朋友提供这种推荐，因为我知道我会偏心，从而导致意见不够客观，这可能损害到我的信誉，而且在测试时也影响到你的能力水平。"

你也可以说得模糊一点：

◇ "我认为我不是最合适的推荐人选，非常抱歉。"（用这种方式回答，你需要做好准备，对方可能会问到原因。如果他这么做了，你可以在以上例子中使用另一个选项。）

ASK A MANAGER

我可以将书中这些对话用于电子邮件吗？

　　这本书里所列出的对话，绝大部分适用于面对面的交流。某些情况下，也适用于电话交流（比如，如果你与对话方在不同的地址办公）。不过，电子邮件的沟通并不能得到理想效果。相信我，这让我很痛苦，因为，如果可以的话，我会用电子邮件来进行我整个人生中的所有对话。不过，当你提出某些敏感或尴尬的话题，电子邮件确实有真正的缺点：你无法像与人面对面交流时那样精准地表达你的语气，而且，你也无法即时获得对方的反应，并调整你的措辞。

　　实际上，如果你对谈话的内容感到不安或者不舒服，那其实表明这场对话非常微妙，或是被情绪支配，或者其中存在误解。比起电子邮件这种交流方式，面对面交流的成功概率则高

第十一章 避免尴尬 十

得多。面对这些情况，你可能需要经过一个反复交谈的过程，而非单向的信息传递；而且，在交谈过程中，你会想最大限度地控制你的语气。

不过，如果你最终使用电子邮件作为沟通方式，请记住以下这些准则：

- ∝ **简洁**。当你给某人发电子邮件时，文本中不要放入大段的内容——当某件事被高度重视时，这一点尤其重要；因为，在这种语境中，一封长长的电子邮件可能会被对方视为一种咆哮。

- ∝ **发送邮件之前，用自己的语气阅读一遍**。你写的邮件会不会被误读为生气、唐突或冷漠？如果收件人据此认为你不喜欢他，怎么办？如果是这种情况，有时候只需要修改个别词语就可以缓和你的语气。

- ∝ **注意你所在办公室特有的沟通规范，并据此调整自己**。有些办公室，电子邮件适用于任何时候、任何场合。有些办公室则只在非常直截了当的工作讨论中使用电子邮件，其他时候都使用面对面交流方式。在一些办公室，非常简明扼要的电子邮件是标准范式；在另一些办公室，如果不对邮件内容做些铺垫，那你会显得过于唐突。弄清楚且遵守你所在办公室的沟通规范，将增加你所表达信息被很好接受的机会。

- ∝ **如果电子邮件不能使你获得想要的信息，就要换另一种交流方式**。不要一心一意地发邮件，而导致你错过尝试其他交流方式的机会。如果对话变得激烈，或者对方看起来有些生气，或者如果你一再地发现自己需要写很长的邮件进行回复,则表明你需要拿起电话或与对方进行面对面交流。另外,如果你已经给某人发了好几封邮件,且一直没到收到回复,那你需要尝试别的交流方式。

PART 3

这样说,
下属才会追随你

part 3 这样说，下属才会追随你 十

作为一名经理人，你是有实际权力的，这意味着如果工作中出现问题，你应该有能力去解决它。显然，你不需要通过用好听的话哄或是说服员工去工作。你有这样的权威——在大多数情况下，这也是义务——直截了当地表明你需要什么，并让人们对你为他们设定的期望负责。

当然，这并不意味着你可以是个混蛋。实际上，刚好相反：因为你有权威，你可能对别人的生活（职场生活和个人生活）有很大程度的控制权，所以你有义务保持善良且富有同情心。不过，你仍需要实现经理层的工作职责，为你所需承担的工作设定较高的标准，并对你的员工设定较高的期望。

当然，最困难的部分是如何平衡好所有这些事情。很多时候，为了保持友善的工作态度，很多经理会以温和的方式开展工作，这导致他们想要传达的信息都丢失了。然而，如果他无法让员工了解到需要做什么，做到什么程度才算是表现出色（在某些情况下，他只是处于被雇用的状态），那他就不是一个合格的经理。不过，在另一个极端，一些经理人过分关注事情的底线，导致忘记了他们是在与人打交道。这些有血有肉、有思想、有情感的人被当作机器对待时，大多不会表现得服服帖帖的。

十 非情绪沟通

虽然经理人在这个极端中很难找到平衡点,但他们在尽力实现这种平衡。不过,请记住,以下四条原则可以帮助你尽可能地实现这种目标:

你能为你的员工所做的最友好的事情是,任何事情都要明确。作为一名经理,你将不得不去展开一系列艰难的谈话,因为这是你的工作职责的一部分。你可能忍不住想推迟这种谈话,或是想淡化某些信息。你不能这样做,因为当员工有些表现需要改变时,如果你不够直截了当,那么你的行为反而会给员工帮倒忙。如果你不愿意与员工进行这样的对话,或者掩盖一些信息,那你会让大家更沮丧或继续让你失望,而且这会给他们带来真实的后果——比如影响他们将来的加薪,岗位晋升,项目分配,职场信誉,甚至这份工作能干多长时间。你应该直率、诚实地对待他们。

你的语气与很多事情密切相关。你说话的语气在任何可能令人尴尬或十分敏感的对话中都非常重要,当你在经理岗位时尤其如此。在谈话中,你的语气可以决定员工在离开时是在想,"这听起来很难接受,但我还是很高兴我们谈过了",还是"这太可怕了,我想今天剩下的时间都躲在洗手间里"。你使用的词语要清晰和直接,语气仍然可以是善良和富有同情心的。

好好说话,不要责骂。当出现问题时,那些经理们,尤其是新上任的经理们,总认为他们需要严厉地惩罚员工们。然而,绝大多数时候,你最好不要这样做。你只需要按照"问责"的模式,即详细地讨论发生了什么,原因是什么,以及将来怎么避免产生这种结果,就可以让事情回到正轨上。在对待认真尽责的员工时，尤其要注意这一点。你需要经常将这两个问题"发生什么事了"及"这是怎么回事"挂在嘴边，以表明你对某些事情非常关注。当然，如果你发现，你与同一个人要就好几项工作展开"发生什么事了"的对话，其中还有一个更为严重的问题压在你手上，此时，你可以从轻一点的话题开始。

在展开特别艰难或棘手的对话之前，试着将谈话要点写下来，并提前练习，以达到最好的表达效果。提前列好谈话计划，可以帮助构建你的想法，并确保你能说到关键点。虽然大声练习会让人觉得有点傻，但这能有力地帮助你坚持你需要表达的内容。此外，大声地练习还可以让你表达起来更加自然，并减少与对方真正交流时你会模糊这个信息的可能性。

第十二章

提升下属效率

12.1 你对某位员工的工作感到担忧

告诉某位员工他的工作做得不够好,这是一件令人不快的事情,但你必须主动地与他展开这场对话——而且不要拖延。允许某位员工的工作成果一般,甚至很糟糕,将影响到你的整个团队的工作成果。另外,这个人的职场声誉、考核评价、他的薪酬,以及继续从事这份工作的能力都会受到影响。

要说什么,取决于你的关注点是某个项目具体的细节,还是更宽泛些的工作情况。

如果你的反馈只是针对某一个特定项目的,那么这将是一场较轻松的对话。你可以直截了当地告诉他需要以不同的方式完成工作。你甚至可以将这视为交流中存在的问题,而不是工作质量问题。比如说:

◇ "我意识到,关于这个项目,我没有充分地与你交流过我的想法。因为最终会被呈现到观众面前,所以它需要更加完善,而且要提供更多的背景信息。这就是说……"

如果你关注的问题更加宽泛,那么你真正需要反馈给对方的是一种工作方法,而不是单个项目。通常情况下,当某位员工的工作中存在方法问题时,经理们会不断地处理单个的案例,并认为员工会将这些个案联系起来进行整体思考。不过,他们从来不会明确地说："嘿，这是工作方法。"因此，这导致人们有时候意识不到这与工作方法有关，而自己出现了一个严重的问题。

关于反馈工作方法的基本模式是："我注意到你的工作方法存在问题，而这是我需要你改正的地方。"比如说：

◇ "最近我们谈过好几次，我需要你在完成各项任务上更加用心，确保不要忽略流程的某些细节，但这种事情又发生了。显然，你个人的工作方法存在问题，对此我很担心，因为严格的贯彻执行对这份工作的成功至关重要。我们能不能谈谈，在这件事情上你是怎么想的，以及以后你可以做哪些事情来改变这种情况？"

如果在这之后，你在对方身上并没有看到你所需的改进，那么在大多数情况下，你要将这个问题的性质转变为更严重的执行问题。

12.2 工作时，某位员工进行了太多社交活动

在办公室里进行一些社交活动是一件好事，员工之间只有相处融洽，团队才能更高效地进行合作；此外，大多数人在工作时间中都需要短暂的休息，因此有一些闲聊也很正常。

更重要的是，如果某个人在工作中取得了突出业绩，对他的时间进行事无巨细的微管理可能会导致他丧失信心，产生适得其反的效果。

不过，如果你手下的某位员工，他与每个人的交流都过于

喋喋不休,并已经成为严重问题——要么这影响到他自己的工作效率,要么这分散了其他人的注意力——在这种情况下,你必须说点什么。

如果你认为这种社交活动影响了员工自己的工作效率,那么在讲出你对部门整体工作效率的顾虑后(很多事情都没有如你期待的那样高效完成),接着说:

◇ "我注意到你花了很多时间与其他同事聊天,而这会让你的注意力无法集中在工作上。这可能是问题发生的原因之一。你能不能少聊一点,看看有没有帮助?"

如果这种社交活动影响到其他人,那么你可以说:

◇ "我注意到你每天花很多时间与伊莎贝尔聊天。我知道你擅于对自己的工作量做出合理安排,我不担心你的工作效率,但在办公室聊天太多可能会分散其他人的注意力。出于这个原因,我能要求你少聊一点吗?"

12.3 工作时,员工在社交媒体上花费了太多时间

如果每次经过某位员工的座位,你总发现他在浏览脸书或推特(Twitter),那么你应该考虑的第一个问题就是,他的工作成效怎样。如果他的工作业绩是一流的,那么你最好假设他能高效地管理好自己的时间(因为很显然,他肯定可以高效地完成工作)。

然而,如果不是这种情况,那与他交流一下也非常合理,尤其当你怀疑他的工作注意力与工作效率之间的关系时,更应

该这么做。比如说：

◇ "在工作时间，我不介意大家偶尔休息一下，查看互联网或者手机，但我注意到你的情况似乎不仅仅是偶尔。我希望你能控制一下你上网的时间，尤其当工作还尚未完成或别人在等着你回复电子邮件时，更应该如此。"

◇ "我注意到，上班时你花了很多时间上网，我想开诚布公地和你谈谈，并了解一下你是如何管理你的工作时间的。我们能讨论一下，你是如何分配时间，以及你将哪些工作确定为优先事项吗？"

12.4 某位员工延迟了工作的最后期限

当你与员工就某项工作的最后期限达成一致，然而在此之前他并没有完成这项任务，那么此时跟进这项工作并了解发生的原因非常重要。如果不这样做，你要做好准备，将来你的员工可能错过各项最后期限——因为他会得出结论，错过工作的最后期限可能不是什么大不了的事。

不过，这并不一定要展开一场兴师动众的、可怕的而令人胆战心惊的对话。在大多数情况下，只需要问"发生什么事了"，这就足以表明你关注这事，并要求追究对方的责任。这可以很简单：

◇ "我们之前约定，最晚昨天晚上，你必须提交给我方案。究竟发生什么事了？"

实际上，"发生什么事了"是一个非常有用的问题。在任何情况下，当你需要追究责任，清楚地提出警示时，它都适用。这句话也为你的员工打开一扇门，他会告诉你一些与这项工作相关而你并不知道的信息（比如说，"我们办公室停电了而我无法上网将邮件发送给你"或者"昨天我生病了，整天都在医院"）。

如果这个问题长期存在，而你的员工一而再、再而三地延迟最后期限，那么你可以将自己的措辞改为"最近怎么回事"或者"最近发生什么事了吗，"比如说：

◇ "你最近好几项工作任务都没有按期完成，比如昨天微博要发布的视频，上个月要提交的拨款报告。最近发生什么事了吗？"

同样，这也使对方有机会，告诉你一些你可能不掌握的信息，比如有其他人妨碍他正常完成这项工作，甚至是截止日期并不是如你所想的那么明确。不过，如果没有发生以上这些情况，那么你应该做以下的事情：

1. 向对方解释错过工作最后期限所产生的影响。比如说，"你错过了我们约定的时间，这会使我的各项工作滞后，并对我及其他人产生多米诺骨牌效应。最后，为了评估，我不得不加班到很晚；或者不得不催促其他人加班，尽快完成他们的任务；如果无法履行时间进度表上的承诺，就会给买家留下糟糕的印象。当约定好最后期限后，我会在这个时间节点上安排各项工作，因此坚持在这个时间之前完成工作真的非常重要；或者当担心自己无法在这个最后期限之前完成工作时，你可以提前告知我,我们一起想办法"。

2. 问问你的员工,他使用什么方法来跟进优先事项(以确保在最后期限之前完成)及整体工作。他是有一种科学的方法,还是单纯依靠记忆?他提前做好了足够多的工作,还是拖延到最后一分钟才着手,然后就出现了拖延的情况?根据你所发现的情况,他可能需要一些工作方法及习惯上的指导,用来解决时间管理问题。

3. 从现在开始,明确你的期望。此时,你可以做出明确的指示,因为错过最后期限的后果非常严重。你可以说:"好了,从现在开始,我们一致认为,你要提前开始处理项目,这样当某项工作需要花费更多的时间时,你能有一定的缓冲期;今后,你要试着使用我们刚讨论的日程表来安排工作,而且如果你对自己在期限之前完成工作的能力有所担忧的话,请提前告诉我。这样你觉得可行吗?"

12.5 员工说他的工作量太重了,但你不觉得

你的一名员工说他的工作量太重了,而你感觉他的工作量应该可控;此时,在得出任何结论之前,最好再多研究、多斟酌一下。为更好理解其工作任务的具体组成部分,你需要了解员工多长时间可以完成工作及其提出这个事项的原因,且不要担心问太多问题。

不过,如果你最终确定,这个岗位的员工真的应该能够处理这些工作量,那么你与对方交谈时,可以运用的交流模板是

"我听你说了工作量的事,但在这个岗位上,我需要的……"比如说:

◇ "我听你说了,目前你的工作很繁重,要保持手边各项工作正常进行是很艰巨的挑战;不过我确实需要该岗位能保证这些工作的完成。我感觉我们可以提高 X 项目的运转效率,并在 Y 项目上获得更高的数字。"

12.6 当纠正某员工的工作时,他很抵触

当纠正员工的工作时,抵触性回复是最难处理的情况之一,因为这将使员工把你的建议当作耳旁风。而且,人性就是如此,它会让你将来减少给对方的反馈,因为遇到抵触性回复的经历并不愉快。

应对抵触性回复的关键是直接讲出来,并把它本身视为一个问题。比如说:

◇ "我注意到,当我们讨论你可以选择的不同工作方式,你经常推诿,说没有理由去改变任何事情。有时候,这种回复给人一种抵触甚至争辩的印象。"

然后,停下来听听你的员工的反应。他可能会对自己给别人留下的印象感到惊讶,或者,也可能争辩说他的回复是合乎情理的。如果他持续以抵触姿态回复你,那么你可以更深入地解释:

◇ "当你以这种方式回复时,我很难再和你继续讨论那些可以选择的不同工作方式的事情。(作为管理者)我必须向你指

出我的关注点并给出建议,让你真正地听到我的期望。如果你有不同的观点,我非常乐意听你说;但最终我也希望你能听我说,如果你内心抵触我的话,这将使我们的交流非常困难。"

◇ "当我告诉你一些信息,说你可以用不同的方式去完成工作,我并不是在反对你。听取不同的观点,这正是人们学习和进步的方式。在工作中,我们是合作伙伴,而我职责中有一部分是帮助你在工作中做得更好,能有所成长。给你提出的反馈也并不是提示你失败了,而是告诉你如何用新的工作方法更快成长。你将来可以试着从这个角度来看待我的反馈吗?"

在这段对话中,你要特别注意自己的语气。因为对方整个人都以抵触性姿态面对你,所以你的语气不能让人听起来是因为工作之外的事情批评他。相反,你的语气应该传达出一种意思,即"我认为你工作得不错,而且我想用自己的方式帮助你做得更好些。"

12.7 如何告诉员工不要再抱怨他的同事

如果有位员工不停地向你抱怨他的某位同事,你要谨慎地说"够了",以避免无意中关闭了某个通道。将来,这也许是一条很重要的通道,能帮你获取你需要的信息。

要做到这一点,你要表达三层意思:① 你已经听这个人说完;② 你已经认真考虑了他的观点;③ 他再次提出这个观点并不具有建设性，而且分散了你的注意力。(如果环境允许，你也可以向他解释你不同意他的意见的原因，理想情况下你也应该这么做。)

因此，这段对话听起来可能是这样的：

◇ "你说的内容我已经知道了，我很感激你和我分享你的观点。你告诉我的情况，我也初步观察过，而我的想法和你并不一样，因为……我能听得出来，你并不同意，但继续讨论下去会分散我们的注意力。在这一点上，我们都需要往前看，我欢迎你随时来和我沟通你的工作需要什么支持，而不是关于朱利安的事情。从今天开始，你能做到吗？"

或者，如果你同意对方的观点，而你暗中也正在努力解决这个事，你可以这样说：

◇ "非常感激你和我分享这些信息，而且我知道这令你非常受挫。我会处理这件事的，但我想你知道我将私下处理，因此你可能无法立即看到结果。"(或者，"我会用我认为最有效的方式处理这件事"。)

◇ "从现在开始，如果发生了什么变化请及时告诉我，请相信我在处理这件事。"

12.8 某位员工工作业绩优秀，但与其他同事关系不融洽

有些员工虽然在工作业绩上表现出色，但似乎无法与其他同事友好相处。此时，一些经理会犹豫是否要进行人际关系调

节。他们常常担心处理职场人际关系,并不像编程或演讲那样。不过,与同事保持良好的互动关系——至少对同事态度温和——是大多数工作的一部分,与工作上其他事情一样。使员工愿意履行与同事友好相处的义务,也是你工作职责的一部分。

◇ "你的工作职责中有一条是,要与团队中其他人保持良好的关系。当人们不想与你交谈时,他们就会将你屏蔽在信息圈之外。这将使我们团队的工作效率降低。更广泛地说,当你对别人厉声呵斥,或者对他们发脾气时,你身边的同事都会感到不悦。要想在这个岗位上取得成功,仅仅编写出优秀的代码是不够的。你还需要与同事保持良好的互动关系。你不能对别人翻白眼,不要对他们大喊大叫,并且要努力让你自己与其他人互动时保持愉悦。"

12.9 你的两位员工无法友好相处

当两位员工相处不融洽时,你要问自己的第一个问题就是:他们之间的冲突是否会影响到他们的工作,或者拖累其他员工?如果答案是否定的,很简单,只是两位员工相互不喜欢对方,那无所谓——他们不需要相互喜欢。只要他们的行为很职业,就不会带来一种不愉快的氛围,并进而影响到团队中其他人。然而,如果他们做不到上述要求,那就需要你进行干预了。

首先,你需要深入了解他们之间的冲突是什么,因为这可能根源于具体的工作问题。有些人总错过项目的最后期限,导致别人无法正常完成工作,或者对待客户很粗鲁,如果是由于

十 非情绪沟通

这类问题导致的冲突,那么此时你需要去解决其根本原因。

从矛盾点出发,与每个人单独交谈,而且用类似的措辞:

◇ "我知道你与摩尔根有一些矛盾。我不需要知道这件事情的来龙去脉;除非其中有与工作有关的顾虑,且你也愿意和我交流,我很乐意倾听;不过,我确实需要你们俩对所有同事都表现得愉悦一些,职业一些,包括对待你彼此的态度。我也会让摩尔根知道这一点。你们不必相互喜欢对方,但对待彼此要文明而有礼。对所有人来说,这只是这份工作的基本要求。今后你能做到吗?"

在一些情况下,只是有一个人对待另一方不大友好。这种情况下,与被苛刻对待的一方进行交流是有必要的:

◇ "我已经告诉过费尔南多对待你要有礼貌。如果这种情况再继续发生,你要让我知道,这样我可以再深入地调节你们的关系。"

12.10 某位员工的回复太过啰唆

当针对某项工作,你需要简明扼要的信息时,如果有一位员工总会喋喋不休地给出冗长的答案,那么,你可以给他一些有针对性的反馈。因为这个工作习惯很可能阻止他向更加职业化、专业化迈进。可以试用以下的措辞:

◇ "我能给你一些反馈吗?当我问你一些问题时,你的回答非常全面。在某些情况下,这很好,而且我也欣赏你能非常全面地掌握关于自己的各项工作的信息;不过,更多的时候，我并不需要那么多信息。我相信你能很好地处理工作中的各个细节，但通常情况下，无论我询问什么，我只是想要一个快速的总结——最关键的要点。如果我需要更多的细节信息，我会告诉你，但通常我不会要。"

你也可以举一个或两个具体的例子：

◇ "为让你更好地明白我的意思，我给你举个例子：今天早些时候我问你户外广告牌设计方案在哪，我只需要知道明天是否能按计划定稿，而不是广告牌的整体背景、选择什么字体这些具体细节。当然，处理好广告牌的整体背景非常重要。我相信你会仔细地处理好它。如果你需要我对某些具体细节提出意见，你可以把它带过来和我一起交流。"

从那时开始，当你推动某项工作时，以下措辞能帮助你给员工明确的时间暗示，并帮助他记住：汇报时要简洁、高效。比如说，你可以这样说：

◇ "你能给我简要介绍一下 X 吗？一分钟。"
◇ "我们安排了 20 分钟的简短会议，希望我们能在这段时间内，对 X、Y 和 Z 进行讨论。"

12.11 某位员工的工作压力影响到整个团队

如果一个人不断地发泄压力，或者没有很好地控制他自己的发泄方式，那么最终，这可能让其周围的人都感到压力。如果这种情况也发生在你的团队里，那你可以从一对一的交谈开始，然后问问他发生了什么事：

十 非情绪沟通

◇ "你最近看起来似乎压力很大。发生了什么事了?"

为了给他提供具体的帮助,比如为他的工作任务设定优先顺序、调整某些工作的最后期限,或者给他一些更便捷、更有效的方法来完成某个项目,你可能需要开启一次对话。不过,如果对方只是因为工作中正常的事情而饱受压力——除了"随波逐流",没有真正解决方案的问题——那么你可能需要对此解释,指出他感受到的压力已经影响到其他人,并问问他是否有别的方式可以较好地管理他的压力:

◇ "我听你说了,那么多人都给你下达相关的工作指令,并且有时还会在最后一分钟做出改变,可能让你非常有压力。然而,这真的是该岗位的特点;在这类工作岗位上,这些事情无法避免。当你频繁地向同事抱怨这些事,并且在大多数会议开始时说你有多疲惫,这会增加每个人的压力。我认为,你能找到其他的方法来管理你的压力。"

根据这场对话的进展情况,你可以加上:

◇ "我想清楚地和你说,我并不是要求你不能表现得有压力。我知道,这个岗位的工作承受着怎样的压力。我只是希望你认识到,你处理压力的方式可能会影响到其他同事。当你感到不知所措的时候,你可以来和我交流。在这种情况下我想成为你的一种资源,可以向你提供一些帮助。我只是想避免你在其他人身上不断增加压力。"

12.12 某个员工犯了严重的错误

只要你雇用了人类,在某个时候,其中的某一个人就会犯下非常严重的错误(人不可避免都会犯错)。当这种情况发生时,你的角色承担着三种职能,分别是:① 确保你的员工理解错误的严重性;② 找到错误发生的原因,确保有相应的计划,防止将来再发生类似的错误;③ 如果这个错误是工作流程自身引发的,那立即处理这个流程。

此时,你不需要做的事情是:严厉呵斥或惩罚犯错误的人。当然,如果这个人看起来并不担心,那试着去了解他不担心的原因——有责任心的员工很可能已经在责备自己了,你不需要再加上什么话。

首先,询问员工的观点,这样你就能了解他是如何看待这种情况,以及他对这个问题的重视程度:

◇ "我们能谈谈在会上发生什么事了吗?据我所知,人们对谁在会上发言感到很困惑,有些贵宾被排除在他们本该参加的会议之外。这是怎么回事?"

如果你感觉对方没有认识到这个错误有多么严重,就要解决对方的思想问题;否则,跳过这个步骤。对话如下:

◇ "这是一个相当严重的错误。对于那些帮忙来参会的重要人物来说,我们的形象会受到损害,而且让大家看起来是我们内部没有协调好,并进而导致了行动不一致。"

问问对方将来如何避免类似的错误：

◇ "你原本可以采取不同的方式，对此你有什么想法？将来，遇到类似的情况，你会采取什么不同的措施吗？"

通常情况下，如果这位员工除此之外的工作业绩非常好，那么只因为这次所犯的错误而解雇他是讲不通的，即使这个错误非常严重；尤其是大多数有能力的员工将会非常小心，避免日后在工作中再犯类似的错误。如果这个错误是源自更严重的工作方法问题，比如工作马虎或判断失误，那就要另当别论了。这种情况下，你至少要更严厉地进行处理，而且你应该考虑到，这位员工是否适合该岗位。

12.13 如何要求员工加班来解决你引发的问题

有时候，作为一名经理，你不得不要求员工们晚上留下来加班或利用周末时间完成一些很紧急的工作任务。如果你的员工通情达理，那大多时候都会理解你。不过，偶尔的"职场生活中的必需品"可能会迅速转变为"令人沮丧且不公平的负担"。如果你能更好地斟酌如何提出你的加班要求，那这种情况是可以避免的。

不过，并不意味着这种情况永远不会发生——这是管理工作的现实，而你并不会永不犯错。然而，当这种情况发生时，重要的是你要承认发生了什么事（绝对不要试图假装情况并非如此，否则你会毁了自己的信誉），真诚地道歉，并对给员工们添了额外的麻烦而表达由衷的歉意。（当然，尽一切努力避免这种情况再次发生。)

◇ "我记错了这个项目的最后期限,认为我们在周一之前完成它即可。然而,事实证明我们没有那么多时间,我们明天就要将它送到打印室,以确保在邮件所要求的最后期限之前完成。这个错误的责任百分之百在我,你能在明天早上之前,使它成为可使用的模型吗?我知道这将搞砸你晚上休息的时间,对于提出这样的要求,我非常抱歉。以后如果不出现迫不得已的情况,我不会再提出这样的要求。"

与上面的版本相比,逃避责任的版本听起来是这样的:"明天我们要将这个送到打印室。我需要你今天晚上把它写完。"

你可以想到,这很可能会让员工感到愤愤不平,而且他们会想知道为什么他们要替你"擦屁股",你甚至都不承认这是你自己犯下的错误。

12.14 当你向员工发出工作反馈时,他哭了

只要你管理的人够多,做管理者的时间够长,某种情况下,你总会遇到有人在你办公室哭的情况——而且很有可能,这种情况正好出现在你指出其工作所存在的问题的时候。

当这种情况发生时,你可能会感到很尴尬;同样,这位哭泣的员工肯定会更加尴尬。正因为如此,如果对方只是眼含泪光,那通常,最友好的做法就是继续交谈,而不是将注意力转移到他的眼泪上。然而,如果这样做并不现实,或者你担心这样做会被视为冷酷无情,那试着说说以下的话:

十 非情绪沟通

◇ "我看得出你很难过。需要我给你几分钟时间吗？"

如果这种情况频繁发生，你可以说：

◇ "我看得出来，这些交流对你来说难以接受。我是否可以使用别的方式，从而让你更轻松一些？"

你可能会发现，如果在你们交谈之前，你在邮件中简洁地提醒他这些事项，他会非常感激你；或者他只是需要一分钟时间冷静下来；或者可能还有其他的解决办法帮助他平复情绪。

在某些情况下，员工在你的办公室哭泣可能也会引发一些问题。比如说，这使其他同事不敢与他交谈，或者这很可能会破坏你的办公室氛围，并进而伤害了他的职场声誉，此时，还值得再讨论一下。在这种情况下，你可以表现得善解人意，同时，对这种行为产生的影响也要坦诚相告。比如说：

◇ "我知道流眼泪可能是一种无意识的反应。然而，我有点担心，如果这种情况经常在我的办公室中发生，那么以后工作出现了什么问题，别的同事会越来越不愿意告诉你。我知道这可能并不是一个能轻松解决的问题，但对于你的行为，我其实是想让你意识到我所看到的影响。"

第十二章 提升下属效率 十

ASK A MANAGER

我是不是对员工们说了太多的"对不起"?

读者来信:

我是公司一名新任的经理。我在这家公司已经工作了好些年。在努力适应这个新岗位的过程中,我意识到我是那种经常说"对不起"的人。虽然我经常这样说,但并不代表我总是把责任推给自己,而是我认为这句话能表达出对另一方的感同身受,有时还能减少冲突。你认为这样会影响到我说话的分量吗?我认为我可以用某些适当的且坚定的方式表达歉意(比如说,"对不起,我知道这已经是工作堆成山的一周了,但我需要你在周五之前完成 X 项目"),但我的这种行为真的会破坏自己的权威吗?

我认为这取决于你说这句话的频率。

在你举出的例子里,当你给某位工作量已经非常满的员工再加新任务时,表达你的歉意是很正确的。如果你不承认这一点,那将会是很糟糕的事情。

从另一方面来说,当每次给员工分配任务时,你都道歉,这很快就会变得很奇怪。这会让人听起来像是,你对分配工作感到难为情,你的员工将因此而感到尴尬,而且他们会想知道你为什么不能实事求是地行使你职责内的正常权力?

因此，这是一个平衡问题。从本质上来，这个表达本身并没有问题；但如果你发现你经常说"对不起"，那么，最好要控制一下。

除了使用"对不起"之外，你还有许多方法可用于表达与对方的感同身受。比如，以真诚的方式感谢员工承担了额外的工作；努力帮助员工对满负荷的工作量进行有效调节；鼓励员工在工作量允许的情况下休息一天或一个下午。相对于仅仅承认"是的，这很糟糕，我真希望不要这样"，这些事情会产生更大的影响力。因此确保你在通过实际行动表达这种感受。

不过，再强调一次，"对不起"本质上没有问题，但要适量使用。整体情况才是你应该重点关注的。

12.15 当你听说某位员工正在面试新工作

如果你听说自己的一位员工正在找新工作，那你最好保持冷静，并且暗示自己要理解对方的行为并不是针对你个人的。无论你做什么，对这个员工都不要带有内疚感，也不要表现得很愤怒或是觉得被背叛了，否则你的言行会更快地将这名员工推出去。在商业领域，员工的离职非常正常，这并不是个人的背叛行为！另外，如果其他员工听说，他们的同事找工作的事被你知道后，你的反应很糟糕，那么当他们也遇到合适的新工作机会时，他们很有可能会选择秘密进行；这则意味着，你的大多数甚至全体员工在辞职前均不会向你发送通知。

如果你非常重视这位员工，并且不想失去他，那你可以这样说：

◇ "我知道这很尴尬，但我听说你面试了一份新工作。如果你不愿意，你不需要确认信息是否真实；不过，我想让你知道的是，我非常重视你的工作表现，而且希望你能在我们公司待上很长一段时间。如果你已经考虑要离职，那么在你做出任何决定之前，我会非常感激能有这样的机会，看看我们能否找到让你在这里感到快乐的方法。"

此外，你自己换位思考一下，是什么原因驱使这位员工去找新的工作。薪酬？职业晋升空间？对工作或同事感到很沮丧？

因此，在提出令人信服的条件并让这名员工考虑留下来之前，你可能有一个非常明显的问题需要解决。

当然，如果对于这个要离职的人你并不会觉得非常心痛，那么就没什么需要你交流了。在这种情况下，将这些信息在大脑中归档处理，并让现状自行发展就可以了。

第十三章

解决下属的不良习惯

十 非情绪沟通

13.1 如何告诉一名员工穿得更职业化些

这种对话（如何告诉一名员工穿得更职业化些）可能挺棘手的，因为这让人感觉像是个人批评。

为了让这场对话不那么个人化，不妨换个思路考虑：对于员工的个人生活来说，他的穿着方式很好；只是不适合于特殊的办公室环境或这份特殊的工作。因此这并不是评判他个人的穿衣风格；这只是确保他在这种环境里的穿衣选择是合适的。

这场对话的组织形式，应该与要求员工改变其工作的某些细节的对话类似。这里有一些表达方式：

◇ "我们公司有相对传统的着装规范，因此你应该与规范保持一致。对你的岗位角色来说，穿皱巴巴的衣服、脏兮兮的运动鞋，不太合适。

◇ "你看起来总是很时尚，但是对于办公室来说，你穿的一些衣服显得太过暴露了。高领口的衬衣和接近膝盖的裙子，在我们办公室里有更好的效果，而且有助于强化你才华横溢的专业人士的形象。"

◇ "我很欣赏你工作中的专业性，但在我们这个环境中，不能穿那么短的裙子。保持裙子的长度与膝盖持平，或在膝盖上一点点，这样看起来会更好。"

对于一名职场年轻人，他可能还在摸索职业着装的细节，你可以根据自己的经验来提供一些建议：

◇ "我知道当我们刚开始工作时，很难了解哪些穿着是适合于办公室的，而哪些不适合，尤其对于新员工来说，更是如此。几年前我自己也经历过这样的情况，我发现这些方法非常适用……"

当然，我们的对话并不用总是围绕着大话题。如果这名员工的着装问题并不是长期存在的，通常你可以简单地快速回答：

◇ "嘿，我们的着装规范说不让穿网球鞋。将来你能记住吗？"

13.2 如何解决员工的身体异味问题

即使是经验最丰富的经理也害怕遇到这种情况：告诉员工他身上有异味。

尽管很少有人传递过这种尴尬且非常私人化信息的经历，但你需要去做，因为这不仅可能影响到你的员工在别人眼中的形象（如果这位员工与你们的客户或访客打交道，这甚至可能会影响到你的公司的形象），而且这也可能影响到他的同事们。

你可以私下与员工见面，时间最好是一天快下班的时候（这样他就不需要在剩下的几个小时里感到难为情），你的态度最好诚实、直接且尽可能地友好。你可以这样说：

◇ "我想与你交谈一些尴尬的事情，我希望你不会感到被冒犯了。我注意到最近你的身体有一股明显的异味。这可能意味着你需要更频繁地换洗衣服或是更频繁地洗澡，或者也可能是你的身体出现了健康问题。通常情况下，这种事情本人可能意识不到，因此我想引起你的注意，你可以想想能做些什么。"

此时，请注意，这种措辞中并没有提到其他同事们的抱怨，即使你听到过一些；这会把对方的注意力集中到你所重点关注的事情上。这是因为你不想向他表述其他同事们都在谈论这个问题，而使这位员工感到更加尴尬。

13.3 你的员工长期士气低落

如果你的一位员工上班时看起来很消极，而且已经持续了相当长的一段时间，那么你有必要与他交谈一下，了解到底发生了什么（注意，"相当长的时间"是关键因素）。这场交谈的初衷是：找出是否有你可以帮助协调解决的问题；帮助他调整对工作的期望，即那些与现实无法同步的期望；其他任何可以从公开谈话中得益的东西。这种对话的开场白最好是非常简单的，只是问：

◇ "最近你的工作进展如何？"

这可能会让你的员工说出全部内容，而这正是你所需要的！有些人会对这样一个简单的邀请敞开心扉；当然，有些人不会，这种情况下，你可以转移话题：

◇ "我可能误解你了，但你最近看起来情绪很低落。就工作而言，我想知道是否有什么事情让你很困扰。如果有，我真的很想和你交谈一下，看看我们能否解决。"

如果事情已经发展到了一定程度,即这位员工的消极态度已经对他的日常工作造成了影响(或者他的消极已经对别人造成了干扰),那么这场谈话的基调就完全不同了。你依旧可以使用以上的开场白,但你与对方交谈时必须有一个要点,类似这样:

◇ "我知道最近你的工作让你产生了严重的挫败感。我们也谈过你对各项任务密集的截止日期感到担忧,以及不得不与总提出不同意见的鲁伯特合作;不过,听你说过后,我也想坦率地告诉你,你担忧的这些事情并不会发生改变。这些正是这个职务的特点。我不想我们总是为这些事情争论——这对你没有好处,而且坦率地说,对我也不是什么好事。知道这些令你沮丧的事情无法改变后,你可以想想有没有别的方式能让你在工作中获得合理的满足感。如果这个岗位的工作并不是你真正想要的,我理解你;如果换岗对你而言意义重大,那么我可以和你一起讨论如何调整。我要说清楚,我并不是在把你推出去——我认为你的工作表现很出色,并想把你留在我的身边——不过,我不能再纠结在同样的事情上,并耗费大量精力,恐怕你也不想这样。"

13.4 如何要求员工不要经常在家工作

在工作内容允许的前提下,让员工们在家远程工作,这能体现出公司工作方式的灵活性,并提高大家对工作的满意度与幸福感。不过,有时候,某位员工频繁地在家工作可能会引发一些问题,比如:他们可能因此错过某些临时的重要谈话,而这本来会使他们获得相应信息;由于缺少相应的交流协调,他们可能无法被其他同事充分理解;办公室的其他同事可能被迫完成那些本应由他们自己完成的工作任务。

如果你想通过交谈来改变这种情况,那么你一定要明确自己想要表达的内容("在家工作的时间要少一些"并不如"我希望把你在家工作的天数限制在每月两天"么清晰明确),你还要解释原因,这样才不会让人觉得是太过武断或带有惩罚性。

◇ "我想和你谈谈,关于你在家工作的时间频率问题。在工作内容允许的前提下,我乐意给你这种灵活性,而且我知道能在不被打扰的环境里工作是多么难得。不过,我认为,在办公室工作非常有价值。我们的工作性质就意味着,我们会面临很多临时性的交谈,这给我们的工作带来了很大益处——比如上周,作为一个小组,我们自发地推动了'寻找公共空间'这一问题的解决。鉴于此,我希望你每月只在家工作两天。由于之前我们并没有澄清这一点,所以你经常在家工作并没有做错什么——这次主要讨论未来该如何处理这个问题。"

13.5 如何处理与歧视有关的评论

如果你听到一位员工发表了与歧视或其他偏见有关的评论,那你必须对之进行处理。对于这个问题,你必须承担法律上和道德上的双重责任,并确保你的其他员工不受到歧视。

如果当你听到这类评论时,周围还有不少人在场,那你最好马上解决这个问题。如果不这样做,那别人会认为,你对任何话题都无动于衷。这将会破坏良好的工作环境。

现场处理的方法包括:

◇ "我肯定,你不是故意这么说的,但实际上,这个词语会伤害到某些同事。"

◇ "哇,我们重视顾客及不同文化背景、不同信仰的员工。我希望你真的不是有意的。"

◇ "嘿,那种评论在这里并不合适。"

如果现场你无法解决这个问题,那就尽快跟进。这种情况下,你可以说:

◇ "我刚才听到你说了一些与我有关的话。我肯定你没有恶意,但是这非常容易引起误会。"

◇ "你之前做出过一些评论,与我的想法不大一样,因此我想确认一下,我没误解你的意思吧!"

◇ "我要明确的是,这种评论在这里并不合适。你要对每个人的性别、文化、信仰表示尊重。你将来能做到吗?"

十 非情绪沟通

ASK A MANAGER

比我年长的同事总是拿我的年龄说事

读者来信:

公司让我担任部门经理;同时,还雇用了一名对我负责的项目协调人员。我们刚刚结束了第一周的工作。

很显然,这名直接向我报告的项目协调员对我的年龄有很大的意见(我猜测我可能比他小20岁)。工作时,他总是发表这样的评论,类似于"天哪,有一个和我女儿年龄相仿的主管真是太疯狂了"或"对我来说,这个框架意味着一次调整,我已经习惯于控制全局了。你在职业上进步这么快,真是不错"。

我试着用含糊的幽默策略来转移话题,但他的这些话还是不时地流露出来。我该怎样进行我的工作?我们都面对着新岗位,而他显然觉得我们处于同等职级。其实,我并没有那么年轻(37岁)。

在很多情况下,含糊的幽默能起到非常好的作用;能让对方保住面子,并让你们俩避免一场尴尬的对话。如果你的幽默所传达出的信息依旧没有被接受,那么你就需要继续进行更直接的对话了。对于管理者与员工关系来说,继续暗示或者转移话题都是一种过于被动的交流方式。

因此,转换成更直接的交流方式吧。下次,当他再次对你

第十三章 解决下属的不良习惯 十

的年龄进行评论时,打断他的讲话,并利用这个机会马上解决这个问题:"你已经好些次提到我的年龄了。我想这对你来说不会是个问题。"然后停下,再看看他说什么。他可能觉得羞愧或尴尬,或者他可能固执己见,并对此发表新的见解——这对他来说是多么不寻常。如果他的行为是后者,那么你可以说:"我觉得这并不奇怪,而且我宁愿我们不要被年龄所左右。"

真希望以上的对话足以让他明白,不要再说那些关于年龄的见解。然而,如果他依旧发表这种言论,那么考虑一下他说这些言论的频率及激进程度。如果并不是特别过分(心理能够接受的程度),那我会随它去——实际上,只要你的心理力量足够强大,你就不会被它困扰,而且不会觉得你必须解决对你的权威的每一个小小的挑战。不过,如果这些言论很频繁或者有攻击性,那么你需要彻底根除他的这些言论,比如说:"这真的与我们的年龄无关。你觉得有什么理由一直提起它?"

不过,我更担忧的是,这些言论只是出于幼稚或不得体吗,或者它们还表明了更深层次的问题,即向比自己更年轻的人汇报的问题。如果它们只是一些烦人的言论,那么你有能力让它们在你脑子里一闪而过。不过,如果他对你成为他的经理感到怨恨,或者不尊重你在这个岗位上的工作能力,那么你需要对这个问题防患于未然,就如其他任何工作绩效问题一样。比如"我注意到你似乎不甘心接受我分配的工作任务。发生什么事了吗?""之前我们对分工达成一致意见了,你要完成 X;但实际上你在推进 Y。发生什么事了吗?"……如果他的言论还在持续,就继续强化你的观点:"在这个岗位上,我需要你完成 X、Y 和

十 非情绪沟通

Z项目。接下来你能做到吗？"

与此同时，你能做得最好的事情就是，对待他时要好像你压根没有注意到你们的年龄差异。你不要让自己陷入尴尬的境地。记住，你被提拔为经理肯定是有原因的，因此在该岗位管理各项事物，你一定要自信。

13.6 当你的员工习惯性迟到

如果一位员工上班总是迟到，你首先要问自己：这是否会影响到他的工作，或是影响到他的同事们。

有很多种工作岗位，员工迟到一会儿，这真的不会影响到他的工作效率。作为经理，你应该考虑到这种情况。然而，如果迟到确实会影响到他的本职工作或其他人，那么你需要干预。如果这是你第一次谈论迟到，可以这么说：

◇ "我注意到你最近经常迟到。你必须每天早上9点之前到公司，否则人们在联系不到你的情况下，最后总是会找佩奇。从现在开始，你能保证每天准时到公司吗？"

如果在这之后，这个问题继续发生：

◇ "我们之前已经说过，你需要在早上9点之前到达公司，但你依旧迟到，这造成了我们的人手短缺。你遇到什么事了吗？"

根据对方的回复，然后你可以说：

◇ "你和我说过路上的交通情况不可预测，我也希望能做出更灵活的安排。然而，这个岗位确实要求你在9点之前到岗，这可能意味着早上你要早点出门。今后，你能找到合适的方式吗?"

◇ "你必须每天准点到公司。尽管公司并不要求每个岗位都这样做,但对你所在的这个岗位而言,电话从9点就开始响了,而你必须准点到岗开始接听电话。了解我们无法做出灵活调整之后,你是否愿意接受这份工作,并想办法遵照这个时间表?"

◇ "我听说你在照顾孩子方面处境很艰难,我真希望在工作安排上能给你更多的灵活性。不过,这个岗位真的需要在早上9点之前到岗。我可以给你几周时间,方便你在照看孩子上进行更好地安排,但之后我真的需要你在9点之前到公司。"

如果你能提供一个可调整的时间安排表,那么你可以说:

◇ "我听说你在照顾孩子方面处境很艰难。我们考虑正式地调整你的上班时间,这样你可以每天早上迟一些到公司,然后下班时晚点离开公司,这样做行得通吗?"

13.7 你的员工病假期间在社交媒体上发布了他在海滩上的照片

在面对这种情况时,你确定这位员工是否生病在家。有时候,人们会在事后发布假期的或其他时间的照片,因此简单地凭着他在病假期间发布的照片,并不能证明这位员工没有生病。员工说谎确实应该受到惩罚,然而在他因咽喉炎需要护理时,却被经理惩罚了,这显然就不讲道理了。我想你不会想成为这样的经理吧!

不过,如果这位员工发布照片时所显示的地理位置是海洋城市,而不是在弗吉尼亚的家中,那么,你可以选择与他进行交流。至少,没有提前做好计划而临时请病假,这往往比提前计划好的假期更让人接受不了。此外,说谎显然也是一个问题。有几种方法可以解决这个问题:

低调地表示"我知道你生病期间做了什么"的方法:

◇ "你昨天到底是想请病假还是休假?在你的脸书上,我看到你昨天在某个海洋城市。"

更直接地表达措辞:

◇ "我在脸书上看到你发布了关于在某个海洋城市的帖子。我原以为你昨天是在休病假。或者我们之间的交流产生误会了吗?"

请注意,这两段对话都不是"以指控开始"的。如果事实证明你是错的,那么"从指控开始"就会破坏双方的关系。你首先要了解情况。如果事实证明你是对的,那么你可以说这样的话:

◇ "当你需要的时候,我支持你休假;但病假不同于日常休假,因为它缺乏计划性,并将导致你手头的很多工作没办法做好交接,所以这意味着它可能会给我们的工作带来严重影响。从今往后,当你需要这种临时性的假期时,请先来和我交流一下。对此,我会试着进行安排——不过,我希望你能保留你的病假,把它用于你真正生病的时候。这本就是为员工生病设置的假期。"

即使是好员工偶尔也会逃班。如果这位员工在其他方面都表现优秀，而这种一次性事情并不会影响到其他人的工作，那最明智的做法可能是随之而去。

ASK A MANAGER

你应该在社交媒体上与员工建立联系吗？

无论如何，你可以在领英上与员工建立联系，因为这是一个职场社交网站。不过，涉及脸书和其他社交网站时，与你所管理的员工建立联系可能会带来一些真正的问题。你将看到他们的政治倾向、健康情况或者个人生活，而他们可能并不希望你知道。另外，你可能将看到一些让你不舒服的事情，比如某位员工在他请病假之前的整晚都在酒吧疯玩。要避免所有这些可能存在的情况，最好奉行"放之四海皆准"的原则——不要和自己所管理的员工做朋友。

13.8 当员工有大量工作未完成

如果你的员工有大量工作没有完成，那么你要做的第一件事情就是问他，"发生了什么事？"从这个问题开始，你可能会了解到，对方的身体出现了严重问题，或必须照顾生病的家庭成员，或者面临其他非常值得同情的事情。当然，这并不意味

十 非情绪沟通

着你总能接受对方高频率的离岗。本节内容将为你提供处理这种情况的办法。

如果这位员工有一连串的借口,你可以说:

◇ "我听说你最近运气不好,但我需要的是你能踏实地在岗位上工作。当然,生活总会不时出现一些波折,但你最近离岗的频率太高了。今后,我需要你每天都到岗,除非提前向我们请假并得到批准,或出现非常不同寻常的情况。如果发生好几次,那就不叫不同寻常了。你能保证做到吗?"

如果你非常同情对方,同样,你可以这样提出你需要更靠谱的出勤的要求:

◇ "我知道你最近正处于一段艰难的时光中,而且听到你的遭遇,我感到非常遗憾。不过,从工作角度来说,我们正处于这样一个阶段——你外出的次数已经开始影响到你自己及其他人的工作,因此我想和你讨论一下可行的解决措施。"根据具体的情况及对你和你的员工而言是否有可行性,你可以建议将对方的岗位暂时调整为兼职,这样他将有更多自己可支配的时间。你也可以允许他休一个短期的病假,或者做一些其他的调整来平衡好你们俩各自的需要。

13.9 员工太依赖于你的帮助

如果遇到工作上的问题时,某些员工总是直接将问题交给你处理,而不是自己先尝试去思考、解决,那么此时,你可以解释说,你希望他自己能用不同的方式去解决:

◇ "当你工作时被某些问题困住了,我很高兴为你提供支持和协助;不过,我希望你自己能先试着解决。我觉得,如果你信任自己的直觉并花一些时间去思考,你肯定能获得很多新思路。你也可以查部门手册,因为部门手册里面有一些关于这类问题的答案。如果试过之后,你依然被难住了,那再来找我——我们可以将这种方式设为解决问题的默认方式。"

在那之后,如果你的员工仍将他自己应该能解决的问题摆到你面前,你可以这样说:

◇ "到目前为止,你考虑过什么方法吗?"

◇ "这种问题,我希望你自己能想出相应的解决方案。到目前为止,你尝试了什么方法?"

◇ "你觉得,要做些什么才能使事情顺利推进?"

13.10 团队成员害怕处理新事物

当员工对承担新项目或新工作职责有所抵触时,有时候是因为他承担的工作任务已经太多了(这种情况下,他的抵触是合情合理的,而你应该通过多种方式挖掘他的潜能,并帮助他对各项工作任务进行合理安排)。不过,如果你的感觉是,他的抵触来源于害怕承担不熟悉的事物,那就值得和他交流一下。

承认这是一项新的工作类型,向他解释你觉得他会擅长这项新工作的原因,并明确保证你自己(或其他合适的同事)将

十 非情绪沟通

鼎力支持他。比如说：

◇ "我了解你的想法，你认为这是全新的、不熟悉的工作领域。我认为你将做得很好，因为之前在 X 项目和 Y 项目中你已经充分展现了出色的工作技巧，而且，我知道你过去曾很迅速地掌握新领域的工作项目。另外，我们不会将你弃之不顾的。我们也将与你一起，共同理顺新项目的初始阶段，而且我也会在你处于适应阶段时提供相应的支持。同时，佩瑟芬之前从事过这方面的工作，她会向你提供宝贵建议。"

如果你注意到他的抵触情绪成为其工作方式的一部分，你可以这样说：

◇ "我注意到你在接受新领域的工作时总是犹豫不决。不过，实际上，一旦静下心，你很容易学习并掌握新事物。我想看到你在这个岗位上继续成长，并尽力发挥你的优势。另外，从过去对你的观察中，我知道你完全有能力胜任这个角色。"

如果对方依旧还有抵触情绪，那你应该向他表明，这个新项目或新的工作职责真的需要由他来承担，你可以这么说：

◇ "我了解你所说的内容，但我真的需要你来承担这个职责。我们可以在一个月后重新审视项目的情况，并确保项目顺利推进。"

当然，你要确保自己正确地解读了这个人的抵触情绪！你肯定不想在无意中误会了对方的合理担忧，比如对超负荷的工作量或缺乏相应培训的顾虑，而将之视为对方的信心问题。

13.11 当员工对工作的期望并不现实

有些员工对工作的期望与实际情况有出入，那么你最好直接面对这个问题。在处理过程中，你可以直截了当地说明这个岗位的实际情况，这样你就可以了解对方是否真的想从事这个岗位。

比如说，如果你的员工认为：比起你想分配给他的工作任务，他应该能做更高级别的工作，那么你可以这样说：

◇ "听起来你希望以记者身份做更多的战略管理及访谈工作。我想直接告诉你，这个岗位实际上主要是写博客帖子，并管理我们的社交媒体。有时，你可能会参加战略管理的相关会议，但当你采访的时候，你并不是发言人的角色。我希望，在了解了这些情况以后，你依旧对这份工作充满热情。当然，如果不是这样，那我也能理解。你想花点时间考虑下吗？"

如果这个人在这些领域极具天赋，就再说些类似的话来鼓励他：

◇ "我确实认为你非常有天赋，而且，你在这个岗位所获得的工作经验，将为你朝着这个方向发展打下良好的基础。我们可以特别注意在这方面培养你的技能，帮助你实现理想。不过，现在我想和你开诚布公地谈谈这个岗位将来是怎样的，现在是怎样的。"

第十四章

维护自己的权威地位

十 非情绪沟通

14.1 如何告诉员工不要越过你直接找你的上级

如果你的员工原本应该直接找到你汇报某些工作事项，最近却总是越过你而直接找到你的上级，那么你可能会为难，如何处理这件事，才不会让人觉得你在试图向你的上级经理隐瞒一些东西。管理层级的存在是有道理的。你完全有理由要求人们遵守这种规则。你可以这样说：

◇ "我注意到你好几次在向玛丽亚提出异议，类似X和Y。因为我的工作职责中包含了这些问题，所以玛丽亚不需要参与进来——而且坦白地讲，我掌握的相关信息要超过玛丽亚。今后，请和我直接讨论那些事。如果有些事情我们自己不能解决，那我可以再把她拉进来——不过，我需要你的交流从我开始。"

当你的员工找到你的上级经理时，你也可以请他让你的员工直接找你。如果你感到你的上级经理没有理解这么做的重要性，那你可以试着说类似的话：

◇ "如果我与员工们无法一起解决某些问题，且这些问题非常重要，那么他们当然可以和您交谈。不过，我希望他们能首先与我进行讨论，这样我就能掌握基本信息，并试图一起解决这些事情。否则，我担心这会削弱我管理他们的能力及权威。将来，如果但丁找到您，您可以问问他是否和我交流过这件事情；如果没有的话，您是否可以让他来找我。"

14.2 如何与员工保持合适的距离

作为一名经理，你可以友好地与你的员工相处，但你不能与他们成为朋友。基于你的岗位的本质，你与他们之间并不平等，而且你需要能够诚实地评价他们的工作、对某些事项给出严厉的反馈，甚至有可能让员工在某个时刻离开这家公司。此外，如果别的同事看到你与团队中某个人成为私人朋友，那他们很可能认为你会厚此薄彼，而不管你多么努力地想保持公平。

因此，如果你的团队中有人向你倾诉私人事情，邀请你参加一对一的社交活动，或者其他类似的事情，那么你应该与对方设定一条明确的边界。有时候，你可以给对方一些微妙的提示，比如，拒绝对方的邀请，迅速结束那些太私人化的对话，等等。然而，当这些提示不起作用时，你必须直接面对这个问题。

尴尬？是的！然而，如果你对这件事表示出友好及实事求是的态度，那么你们中的任何一个都不会觉得非常痛心或难以接受。比如说：

◇ "我想和你解释，之前我好几次拒绝你的邀请的原因。我觉得你非常棒。如果我们俩不是同事的话，那我很想与你进行一些社交活动。然而，现在我们在一起工作，对我来说，最重要的事是成为一名优秀的管理者，并对你的工作做好管理与指导。这意味着我要能够公平地评价你的工作，并反馈给你；如果你对某些事情不满意的话，我不想让你觉得你我之间模糊的边界让你很难与我当面交流。同样，我也不想我们团队中任何一个人担心我厚此薄彼。因此，我想保持我们俩之间职业性的工作关系。不过，作为同事，我真的很感激你，而且非常高兴与你一起共事。"

14.3 当你成为你朋友的经理，该如何处理

我真的很同情你——这真的很难处理。

当你成为朋友的经理时，你们之间的友情确实需要改变。你仍然可以拥有温暖的、亲密的友情关系，但你不能再以同样的方式交朋友了。你不能再与对方频繁地进行一对一的午餐，或者在外边闲逛，也不能像以往一样保持同样的亲密程度。现在你们俩之间存在不平等的权力关系，而且你的职责是评价他的工作表现，并做出某些可能影响其职场生活的决定。

即使你确信你们俩可以非常职业地驾驭这段关系（而且不论真假，在这个情况下，每个人都相信可以做到这一点，直至出现了问题），其他人的感知也非常重要。作为一名经理，你不能做会产生偏袒或不公平表象的事情。

此时，你最好坦率地告知你的朋友，这样他会明白到底发生了什么事情。你可以这样说：

◇ "嘿，我想让你知道，如果我们的工作关系发生了变化，那么我们也不能再像以前那么亲密。我们需要设定一条边界，比如不能再如此频繁地一起吃午饭。我想确保别的同事不会担心我偏袒你，而且我也不想你很不安地弄不清楚我的'身份'，即我到底是你的经理还是你的朋友。我知道这件事

可能会变得很古怪,但我想直接说出来,这样你就不会奇怪,为什么我突然不花那么多时间与你待在一起了。请不要认为这是一件很冷漠的事——我只是在努力确保能'一碗水端平'。"

14.4 员工总向同事们抱怨而不直接将这些问题告诉你

有些员工虽然经常跟同事们抱怨工作上的事,但他从不对着你说,而你其实才是真正能解决这些问题的人。此时,你有必要和他交流一下。这种持续的消极情绪会影响到其他人,而且随着时间的推移也会破坏公司整体氛围。此外,如果这位员工的顾虑是有根据的,那么,他的抱怨其实正是你想听到并深入讨论的事情。如果他只是在你之外说说这些话,那么对任何人都是没有帮助的。

你可以试着说说这些话:

◇ "我觉得你已经养成了一个习惯,即将你工作中的担忧传达给团队中的其他成员,而不是我。如果你直接来找我,那我就有机会试着解决你的问题,或者和你分享一些可能改变你的观点的事情。当你只找别的同事倾诉时,我们俩都错过了解决问题的机会。此外,你可能无意中给其他人创造了一种非常消极的氛围。今后,你应该直接找真正有能力解决你所抱怨的问题的人——这通常是我,而不是向那些对你的情绪无能为力的人倾诉。"

14.5 如何解决某位员工在会议上发言过多的问题

在你找到该员工面对面谈话之前,你可以尝试在会议现场与该员工进行单向交流,看是否可以解决这个问题。如果能通过这种方式解决,你就可以避免一场尴尬的对话。你可以尝试一下以下的说法:

- "昆汀,今天我们已经听你说了很多内容。让我们听听那些没有发言的人怎么说。"
- "我想给其他人一个表达的机会,现在让我们来讨论一下。"
- "现在,我要求你保留你的意见,因为今天我们的议程有很多内容。"
- "这是一个很好的想法,但我今天不想花太多时间在这个问题上,因为今天我们有很多需要讨论通过的议题。"
- "我要请露辛达投入到这项工作中,因为她在这个领域具有丰富的经验。"

然而,如果这些对话依旧没有解决这个问题,那么你再找这个人私下谈话时,可以这样说:

- "在今天的会上,你提出了很有价值的信息,而且看起来你很乐意在会上发言。不过,我需要确保其他人也有发言的机会,因此我想请你帮忙,以确保我们给每个人公平的发言时间。"
- "当你在某个话题上有很多内容要说的时候,别人可能会被吓到。我想让你更加清醒地意识到,你在会上说的内容有些太多了；如果其他人没有得到同样多的时间，那他们对发言就会失去积极性。"你还可以加上："当然，在有些工作上，你的岗位角色可能意味着你比其他人有更多要说的内容，不过，你的发言过多会影响到整个团队。我想确保，我们的会议时间或多或少能均匀分配给每个人。"

◇ "我非常重视你在会议上的发言，但在你的发言时间与需要在会上讨论通过的所有议题之间，我需要平衡好。最近，在这件事上，我们遇到了麻烦，因此我想让你在会议结束之前保留那些离题的事项。只有我们会议有足够的时间，或我们召开一对一的会议，你才可以单独和我提出这些事项。否则，我们最终会把大部分时间都花在前几项议题上，而无法完成剩下的议题。"

ASK A MANAGER

某位员工对同事们进行魔法诅咒

读者来信：

我为一所学校提供人力资源服务。最近，我所服务的学校的一位主管联系我，他听说自己的手下曼迪经常"诅咒"另外两位员工。用"诅咒"这个词，我不是在说粗话。我的意思是，她认为她自己是一名"巫师"，而且可以真正地对其他人进行"诅咒"。

背景信息：这个团队一共有四个人，杰夫、曼迪、惠特尼、罗伯特。罗伯特要离职了。今天我和他见面，准备做一个离职面谈。

十 非情绪沟通

在交流过程中,我已经意识到,曼迪很讨厌杰夫和惠特尼。她曾经苛刻地批评过他们,而且她也恐吓过罗伯特,让他与自己一同憎恨其他两个人。我其实能够处理这些事情。这种情况在之前发生过,而且我知道如何应对职场"恶霸"及不安全的人。这些人不断破坏平级同事的职场声誉,以确保自己的工作表现看上去更好些。

我所关心的是"诅咒"。在我们的访谈中,罗伯特也证实了这一点,那就是"诅咒"。我了解到的信息是,曼迪说了一些类似的话:"当人们让我生气或者背叛我时,我并不担心,因为我有办法摆脱他们。我诅咒他们。在我家里的某一个地方,摆放着蜡烛和其他的东西,我知道应该怎么做。"

杰夫认为这实在太愚蠢了,但惠特尼绝对被吓坏了。她正在网上搜索如何避开诅咒的方法,并且考虑请病假,因为她害怕和这个女人一起工作(让事情更糟糕的是,在罗伯特说了曼迪曾经"诅咒"过他们之后,杰夫和惠特尼两人都生病了,接近两周没有来上班,这更增加了惠特尼的恐惧)。

对我来说,无论她是巫术崇拜者、女巫或是巫术修炼者,这都对另一位员工造成了真正的威胁。我真的很想严肃处理这个问题,并与职场欺凌事件做出区分。你的想法呢?

我认为你的理解是完全正确的——它是一种威胁,这是不可接受的职场行为。

通常情况下,我强烈支持经理自己处理员工的表现问题,而不是寻找人力资源服务的帮助;不过,在这种情况下,因为她"诅咒"了自己的经理,所以我看到了支持这么做的理由:你与她、她的经理可以进行一次会谈,并共同制定相应的规章制度

（当然，这可能会导致你被加入到她所诅咒的人的名单中。黑魔法确实是许多职场危害之一。）

当你和她见面的时候，清楚地告诉她，以诅咒或其他方式的伤害对别的同事进行威胁，这是不可接受的职场行为。无论使用什么手段，以伤害别人进行威胁，都可以成为解雇她的理由。要清楚地告诉她，这是一次性警告；如果这种情况再发生一次，你将让她离开这家公司。在这段对话中，你也应该清楚地表明，说别的同事的坏话也是不可接受的职场行为，而且期待她在工作时能表现得更职业化及心情愉悦。基本上，这场对话的核心意思就是："你的行为远远超出了我们能接受的范围，我们将严肃对待这件事；将来，我们将对此零容忍，不能接受这样的事再次出现。"

在解决这个问题的过程中，要确定你不会被卷入到一连串的警告中去。只需要一个警告，然后集中火力解决。实际上，坦率地说，如果你确定你所听到的信息100%是真实的，我认为你应该尽快让她离开公司，因为好员工永远不会这样做（我是指她所有的行为，并非只是诅咒），而且我非常怀疑她在职场的其他方面能有出色的表现。

同时，我会开始阅读关于反咒语、魔药和魔法的内容，而你可能也需要它们了。

14.6 你的员工不接受你对某件事情的拒绝

有些员工看起来总是听不见你说的"不"字，并且对你已经拒绝的事情（项目分配、新办公室、岗位晋升，或者其他可

十 非情绪沟通

能的东西），他仍很坚持自己的意见。此时，你最好极其坚定且极其清楚地告诉他你的意见——这样，对方才能真正听明白你所传达的信息。

比如说，如果你的员工总是想努力地承担某项你无法或你不愿意分配给他的工作项目，那你可以这样说：

◇ "这些情况已经出现好几次了，因此我想确认之前我是否和你说清楚了——我听你说，你想在我们的活动上做更多的工作，但现在，这个活动的工作人员已经全部安排好了，而我需要你集中精力完成好你的本职工作，做好记账工作。我没有打算对谁的工作岗位进行调整。记账工作是一份全职工作，而且将长期存在。因此，我希望你接受并高兴地投入到这项工作中，而且我们不能再在这个问题上纠缠了。"

在大多数情况下，这段对话会解决上述问题。然而，如果这段对话不起作用，而对方继续要求参与，那么你应该避免处理对方提出的请求，并解决对方这种不适当的固执：

◇ "你需要听进我说的话，你一直在提这个问题，尽管我告诉过你，这不可能。我知道这对你来说很重要，因此我一直试着对你说清楚，我们无法改变这个安排。不过，我们不能一遍又一遍地重复同样的对话。知道这个结论不会改变，还在这上面反复纠缠，你这样做有什么意义呢？"

14.7 你的员工越过了他的职权范围

当有些员工做了某些越过其职权范围的事情时，你首先要问自己的是，他是否知道自己的行为不合适；如果他不知道，这是合理的吗？你是否曾清楚地将其职责范围的边界告诉过他，以及哪类事情你想让他来询问自己的意见？如果没有，你可以从如下角度来处理这个问题：

◇ "我意识到我们从来没有讨论过，当类似这种情况发生时，我们应该怎样处理。与道德委员会打交道存在很高的风险，因此，在这件事件或将来的任何事情上，如果需要与他们进行进一步的接触，那么在我们做出正式回应之前，你应该先来咨询我一下。"

如果还有更广泛的经验教训，那么你也要提一下：

◇ "遇到法律事务、公开声明或与董事会沟通等高风险的事情，请第一时间找到我。在正式做出处理之前，这些领域内的任何事情或文件都需要我签字确认。"

如果你认为你的员工应该清楚这些规则，那你可以这样说：

◇ "昨天你自己接受了一位记者的采访，而不是把采访要求转给我们的新闻发言人。这不符合公司的制度。我对此很担心。当时发生什么事了？"

接下来你可以这么说：

◇ "我想和你说清楚，公司的制度是基于合理的原因而制定的，因此遵守它非常重要。今后，如果你认为，在这个领域或其他任何事情上，有理由做一些违背公司制度的事情，那你需要先来和我谈谈，得到我签字确认后再付诸行动。如果你只是按照自己的意愿一头扎进去，结果可能会很严重。"

十 非情绪沟通

14.8 你的员工态度不友好

要消除员工不友好的态度,你必须明确地指出什么行为让你感觉到了"不友好"。这样你就可以把注意力集中在对方的行为上,而不是员工的感觉上。最终,员工们可以保留他们自己的感觉,只要他们的行为方式符合你的要求。

此外,一旦你聚焦员工那些有问题的行为,你将更容易解决"不友好态度",就像对待绩效问题一样。比如说:

◇ "你在会上不断翻白眼,并对有些问题只回答一个字,这使大家认为,你不想参会,谈话无果而终。你为何要这样做呢?"

◇ "每个人在工作中都偶尔会感到沮丧,但当你对同事厉声斥责或对他们态度很粗鲁时,这会让人很害怕与你共事。昨天,当米格尔问你即将到来的艺术展览的清单时,你一副唉声叹气的模样,并且告诉他应该自己去找。要做好这个岗位的工作,就必须与同事们建立良好的关系,如果大家害怕接近你,那将影响到你的工作成果及你在这个岗位上的成功。"

◇ "我最近注意到,你总抱怨某些病人让你恼火。我们时不时都会宣泄情绪,但重要的是,我们对待病人要尊重。最近我有一种感觉,保持积极向上的、富有同情心的心态对你来说越来越难了。你自己感觉到这一点了吗?"

◇ "在昨天的会议上,你反驳别人的意见的方式,会使大家以后都闭口不言。我不需要你为每个新想法热烈鼓掌;在帮助提炼理念及思考潜在的问题方面,质疑本身是有价值的。不过,我希望你们能给这些讨论更大的空间,并且寻找到真正做一些事情的方式，而不是固守一个前提，即'我们做不到'。"

14.9 如何传达公司上层做出的决定，虽然你对此并不同意

在手下面前，你是公司的高层管理团队的代表，然而，有时候你并不同意高层管理者的决定。这可能是管理领域最棘手的情况了。一方面，当你与手下交流的时候，你有义务要维护公司与上层领导做出的决策；另一方面，如果你只是机械地传达着官方语言，毫无自己的工作思路和细微差别，那么你将在手下面前失去信誉并遭到冷嘲热讽。

那么，当你需要与员工沟通或者执行某个你不认同的决策时，你该怎么办呢？关键是要冷静和实事求是，并注意到除了你的团队的优先事项之外，公司还有其他要综合考虑的因素。当你的团队合理地担心某决策所带来的不可预见的负面后果时，你会同意在一段时间之后再次审视这些担忧事项。如果有必要的话，针对某些情况采取以下的方式也是行得通的。

因此，你的发言听起来应该是这样的：

◇ "这并不是我愿意做出的决策，但我知道，公司高层做决策时不得不考虑很多竞争性的因素，我们的利益并不是唯一的。"

◇ "我与他们分享了我们担心的X和Y细节，但公司需要综合考虑其他的因素。最终，他们认为这是最合理且可操作性最强的决策。这考虑到了竞争中所有因素，包括我们团队之外的担忧。不过，如果最终X和Y细节给我们带来了严重的问题，那当我们的意见能够对该决策产生实际影响

时，我将提出重新审视它的要求。"

14.10 当员工希望你对你们所交流的事情保密

有时，员工可能会要求与你私下交谈。此时，你很容易就立刻同意。你会保证不将对方告诉你的信息说出去，但这样做很容易引发问题。作为管理者，针对有些信息，你需要根据职责采取行动（比如与性骚扰或其他严重错误相关的信息）。另外，如果你承诺保密，却又不能兑现承诺，你就会让员工将来再遇到这种事时对你心存警惕。

此时，你更好的选择是给出如下的说法：

◇ "对于你告诉我的内容，我将尽自己所能不讲出去；不过，我想很坦率地告诉你，在没有听到你想说的内容之前，我不能向你保证自己会完全保密。很有可能，传播其中的某些信息是我的职责所在。不过，如果发生了这种情况，我将确保你不会因为我们的交流而受到任何影响。"

人们通常对最后一点有所担忧（因与你交流而受到声誉影响），而在之前就解决这个问题，就会减轻对方心理负担。

14.11 你的员工总是反驳你的意见，并破坏你的权威

有些员工总是驳回你提出的每一个小要求或决定。作为一名经理，你不想完全依靠岗位赋予你的权威性，但你也不想卷入无休止的辩论。

解决这个问题的方法是将它提出来，并解释为什么它成了

一个问题:

◇ "我能给你一些反馈吗?我注意到,最近你经常驳回一些工作任务及决定好的事情,这种情况至少一周好几次。如果你对某些事情有疑问或者有完成这些工作的更好的方式方法,我当然很愿意知道。不过,我必须平衡好这与我们的工作进度之间的关系,而不是在每个细节上都要争辩。"

根据员工提出问题的类型,以及你是否愿意以后再对此进行讨论,你可以补充说:

◇ "今后,我想你能保留那些较小的问题;如果几周后,你觉得它们看起来依然是大问题,那就列在清单上,下回我们'一对一'地对这些问题逐一进行讨论。"在大多数情况下,对方将发现大多数问题在几周之后已经不那么重要了。

ASK A MANAGER
对于某些小事情,我怎样纠正员工的想法与行为?

读者来信:

我在一家软件初创公司上班,这里的工作氛围是典型的"宽松型"。最近,我注意到我的员工总是特立独行。他们以为某些事情不需要问我就可以做,而实际这样并不妥。比如说,当时机并不合适时,某位员工问他是否可以休息,我本来可以轻易

十 非情绪沟通

地纠正他,并为他设置业绩目标。然而,如果他宣布他要休息了,然后立马就离开公司,我瞬间就不知道该怎么回应了。

由于这些情况并不总是我能预料到的,出于我的立场考虑,我想确保能公平地处理好它们。我也不想公开地和大家说些什么,因为那可能会被认为很消极且带有攻击性。关于怎样处理这些情况并实现正常的管理秩序,你有什么建议吗?

实事求是,并坚持你的主张——作为管理人员,你有权力这么做,所以你根本不需要感到很奇怪。

如果某些事情已经成为问题了,而你没有直接说出来,那么你的工作就不算做到位了。当然,这并不是意味着你需要把当下的每件事都做到完美;大多数普通人都无法每次做到完美。如果在事情发生时错过了这个机会,那么迟一些解决也无妨。

另一方面,你其实并不想以非常严厉的方式惩罚他们。你真正想的是,用一种自信而直截了当的方式陈述你的需求。比如说:

如果某名员工宣布他要休息,而这将使整个公司的工作进度受到影响,那么你可以冷静地说:"实际上,在离开公司之前,我需要你完成 X,或许你需要在半个小时之后再走?谢谢!"

如果正在开会时,某位员工打断你,那你可以简单地说:"我想说完我想说的内容,然后再来讨论你的话题。"

如果有员工说"我告诉发货人,在我们发送文件之前,还需要额外的一天时间",而这将违背你的时间计划表,你可以说:"我更想坚持我们最初定好的邮寄时间。告诉我你遇到什么阻碍了,让我们看看是否能以别的方式解决,而不延迟邮寄时间。"

这个想法并不是让你的"实际上，不行"变成一个令对方担忧的大事。你只需要冷静地以合适的方式维护权威。当这样做的时候，你可以非常友好，只要你表达的意思很清晰（而且，如果需要的话，也要很坚定）。

此外，记住，在很多种情况下，大家简单地告诉你他们正在做什么而不需要获得你的许可，这也是可行的……因此，当你反对时，要确定这是你确实需要的，并不仅仅是因为你对他们没有遵守"提前与你商议"这条基本原则而感到非常生气。你想鼓励独立判断和自主决策的氛围。你想人们在他们的工作范围和专业成熟度允许的范围内独立自主。因此，如果你感觉自己想根据这条原则进行干预，那么抵制自己的强烈冲动吧！

14.12 你失去了往日的冷静，对员工严厉批评或大吼大叫

即使最优秀的管理人员也会发现，他们有时如此沮丧，以至于失去了冷静而厉声呵斥员工——甚至可能更糟糕，对他们大喊大叫。

如果你因为自己对某位员工的方式而感到尴尬，那么很有可能你应该向他道歉。有时候，经理们会犹豫是否要为自己的行为道歉，害怕这种举动将使自己看起来软弱（从而失去权威）。然而，承认自己的错误并为此承担责任，可能会增加人们对你的尊重（当然，你不能每天都失控，并对员工大喊大叫；稍后我会详细讲解）。你可以这样说：

◇ "昨天谈话时我的语气不友好，我想向你道歉。我很担心我

们没有执行之前我们一致同意的方案，但这并不是呵斥你的理由。我尊重你及你的工作。然而，如果没有成功执行预定方案，进而无法取得预期成效，那我会感到非常遗憾。"

经常严厉批评员工或对他们大喊大叫，将严重破坏员工的士气，影响工作效率。如果你认为自己对此感到内疚，那么找找是什么导致了你的这种行为。无论是你自己所承受的压力水平，还是你与员工之间的问题，你都需要用别的方式解决或者消化。

14.13 你意识到你在制定政策或做决定时犯错了

如果你意识到实际上自己并不需要做到万无一失，那么你将会感到轻松得多（而且，坦白地讲，不可能万无一失）。你也会犯错误，偶尔会以错误的方式看待某些事情，这没什么。

重要的是，当事情发生的时候，你要真诚、坦率。对于建立你与你的员工、周围其他人之间相互信任的关系和保持职场信誉而言，这是基础。比如说：

◇ "我想坦率地和大家说一下，我认为在 X 项目上，我做出了错误的要求。我重新查看了战略方案，我相信拉奎尔和阿什拉从一开始就主张 Y 是正确的。因此，我们接下来将开始推进 Y，而且我想承认在这件事情上我犯了错误。"

◇ "我非常感激大家利用休息时间与我一起共同落实这项新政策。现在，我们观察它的运作情况已经有几个月的时间了。我意识到，它并没有像我希望的那样解决我们的日程安排需求。与其坚持做一些没有很好成效的事情，我想承认自己的失误并重新使用我们的旧政策，同时继续试着找出一种更好的方式方法来解决问题。我也非常欢迎任何人提出更好的想法，来应对日程安排的紧张状态！"

◇ "我很抱歉上周让你加班到那么晚。我以为我们需要在第二天之前完成 X 项目，然而我们竟然遇到了项目延期。我知道，为了赶在最后期限之前完成任务，你取消了你的计划。我非常感激你能这么做。当结果证明不需要如此时，我感到非常抱歉。"

14.14 你发现你的一名员工在说谎

我曾经有一名员工，他告诉我，他已经给某位供应商发送了一封重要的邮件。从当时的语境分析，我几乎确信他没有发，因为这已经不是第一次我怀疑其真实性了。我对他说："如果我说错了，我要向你道歉……但你能否让我看看邮箱里的发件记录？"

他很不安，停顿了很长时间之后，然后承认自己没有发电子邮件。

在当时那种情况下，我最终解雇了这名员工，因为这是一连串问题中的最后一根稻草。解雇某人并不是每次都需要做出解释，但重要的是，当你发现某人说谎时，你要指出这一点。那些认为自己可以说谎的人，不值得你再信任或委以重任；而且，为了继续共事，从主观心态上来说，你必须能够信任别人。

如果你发现一名员工在撒谎,但其恶劣性还达不到解雇的程度,你可以这样说:

◇ "有件事情我非常担忧,你告诉我奥利夫知道你昨天外出,而且他可以为你做证,但当被问到相关的事情时,他实际什么都不知道。为什么会出现这种状况?"

假如对方没有详细解释所有事情,那么你就这样说:

◇ "我需要你做到,让我相信你对我说的话,而且相信你说的是正确的。如果我无法相信,还要对你所说的每件事情进行再次猜测,那对我们俩都不好。之前,你总是能很好地完成工作,因此我愿意相信这是一次失误。不过,我想很清楚地指出,未来你必须保证我能相信你,这非常重要。"

14.15 如何与员工(或工作应聘者)的父母打交道

近些年来,在养育子女方面,明显的趋势就是父母插手的事情越来越多。这导致了一个奇怪的结果,即一些父母不恰当地参与到孩子的职场生活中来。比如有的父母给经理们电话,维护孩子的利益,"你为什么不雇用我的孩子"或是"请问你能批准伊莫金的休假申请吗,我们有家庭休假计划",你或许会认为"这不可能",因为父母的这些行为很可笑,不过,这确实是近些年来开始出现的事情。我曾经有一位员工,她的母亲是一位律师。后来,她母亲用她所在律师事务所的信笺与我联系,向我抱怨她女儿面临的工作问题(结果证明她女儿并没有如实准确地汇报事实)。

如果这种事情发生在你身上，那你不需要配合，这是原则性的问题。实际上，你也不应该配合——对这些父母来说，让他们了解到他们的行为并不合适，这一点非常重要。你应该拒绝与他们谈论其孩子的事，并解释原因：

◇ "我只与员工本人讨论绩效评级的事情；我不愿意与除本人之外的第三方进行讨论。"

◇ "我当然愿意与你们的儿子谈谈，如果他能直接与我联系，我会和他说明为什么拒绝他的申请。不过，我不会和他本人之外的第三方谈论这类事情。"

对于这两种情况，你也可以补充道：

◇ "不管怎样，这类电话对你的儿子影响很不好，而且真的可能会导致他的职场声誉受损，因此我建议你们将来不要再干涉他的工作。"

14.16 你的员工在办公室社交活动时喝多了

面对办公室的社交活动，所有的管理者可能会感到有点棘手；它们是社会性活动，相对于在严肃的办公环境，大家在这种场合会更放松警惕；不过，它们仍是与工作有关的事件，可能会对人们的职场声誉及人际关系造成严重的后果。

如果你有一名员工在办公室社交活动中喝多了，那你有义务和这个人谈谈。这既是为了对方的职场利益，也是对受到影响的同事的安慰。

你可以以这些话作为开场白：

十 非情绪沟通

◇ "在最近几次的欢乐时光中,你看起来可喝了不少。一切都还好吗?"

有可能你会听到一些内容,那将使谈话的后半部分内容变得不那么必要,比如对方正在适应一种新的药物,或者对方已经完全意识到他做得过分了,并发誓不会再有喝醉的情形发生了。显然,在对话之初,问问对方这个问题,这样你不会贸然地开始一段不适合的训话。

然而假如说你没有听到类似的回复,接下来你可以说:

◇ "你对那些在场的人非常具有攻击性,而且你对玛蒂尔达说了一些不合时宜的话,我认为你清醒时不会有这样的举动。今后,我想你在办公室的社交活动中应随时注意自己的酒精摄入量,而且限制自己最多喝一两杯。你的工作表现很好,我不希望你因沉迷酒精而影响到自己的职场声誉,以及你与同事之间的关系。"

ASK A MANAGER

我们的接待员总是拥抱别人

读者来信:

我们公司有一名社交型的接待员,她总是向别人请求拥抱——不是向我们公司员工,就是向经常来公司的外部访客及志愿者们。

第十四章 维护自己的权威地位 十

通常,她拥抱的那些人是她已经好多天没见的熟人。然而,我也见到过,在接待一位之前从没见过面的客座演讲者时,她也与对方拥抱,这让我感到有点惊讶。

她进行的拥抱并不是简单的、礼貌性的问候,而更像是公开表达感情般的动作。她拥抱的方式吸引了很多人的注意——比如说,她有时候会进行一个长时间(超过必要)、全身接触式拥抱。我不是很确定别人会怎样描述。她天生有一副大嗓门,因此即使我在隔壁房间里,通常在无意中也能听到她拥抱时所表达的措辞。她会大声宣布被拥抱的感觉有多好。这个动作看起来过于自我放纵且毫不必要。我并不是要做出审判性的评价,但我知道其他人也表达过,对她的这种拥抱的不适感。

有些人直接向她提出过意见,但其他人看起来能够容忍,还有一些人看起来完全能接受。不过,至少有一个人向我抱怨过,这种行为非常不职业。

下一步,我要对她进行绩效评估及反馈谈话,想利用这个机会和她谈谈。我计划给她一个明确的建议,让她大幅减少这个动作。然而在类似的事情里,精准的底线在哪里?

虽然我不是很确定我能说出精确的底线在哪里,但她的行为肯定与这条底线相差很远。在办公室里,并不是说拥抱别人永远是不合适的,但这肯定不是问候别人的默认方式。不过,不管普通人的这种底线在哪,你的员工显然无法判断哪些时候拥抱是合适的,哪些时候是不合适的,因此这种动作必须停止。

不要等到对她进行绩效评估时再告诉她——现在就做。绩效评估中不应该有这些令人惊讶的事；你应该对员工贯穿全年的表现进行反馈。在一场评估综述中，提出某些让员工措手不及的事项并不公平；同样，在此之前忽视问题也不是优秀管理人员的行事风格。我知道，有时候在这种正式的评估中，提出这个话题可能会轻松些，但那也意味着在日常工作中，你放弃了作为其上司的管理职责。

你可以这样开口："我真的很感激你对待公司的来访者如此友好而热情。然而，并不是每个人都愿意在职业场合被拥抱，因此你必须停止这种行为。的确，有些人对你的行为没有感到不适，但有些人则不然，而后者怕引起尴尬并不会直接说出来。我知道你的初衷是表示欢迎，但不同的人有不同的身体界限。因此，这意味在办公室不要再与别人拥抱。"在谈话中，你需要非常直接地说出来。不要试图只是告诉她"减少拥抱的次数"或是"你的拥抱仅限于你所认识的人"，因为她的表现已经说明，她对这个事项没有恰当的判断能力。她无法判断哪些人愿意接受她的拥抱。

如果她继续与你争辩，那你可以简单地说："尽管如此，但今后，不能再有拥抱了。"现在就和她谈谈，不要等。我几乎可以向你保证，有些人需要去你的办公室时，肯定会非常害怕自己不喜欢的身体拥抱。

14.17 如何让你的员工不要给你买节日礼物

作为经理，员工给你送礼物可能会让你很不舒服。因为你有权力，所以当他们不想买礼物甚至买不起的时候，他们可能觉得这是一种义务。当他们看见同事们给经理买礼物的时候，这种感受尤其真实。不过如何在打消你的员工们给你送礼物的念头的同时，又不让他们觉得是你自己在自作多情（也许他们根本就不打算送你礼物），或认为你是吝啬鬼，这可能很棘手。本书为你提供了两种选项：

◇ "我知道现在是办公室赠送礼物的时候，因此我想把话说在前面，对我来说，你能把工作做好就是最好的礼物了。请把钱花在你的家庭上或你自己身上，而且我非常庆幸能有一名像你这样的员工。"

◇ "我不想假设有人在考虑给我买礼物。为了防止你可能这么做，我想先提出请求——请不要这么做，把钱花在你家庭或你朋友身上吧。"

当然，一定要尽早和他们说些什么，这样你就可以抢占先机让他们不要这样做（或者避免他们买礼物时的焦虑情绪）。12月初就是个好时机。

然而，无论如何，如果你从员工那儿收到了一份礼物，你应该优雅地接受（假设它并不昂贵）。如果你言辞拒绝接受对方的小礼物，那对方一定会感觉很糟糕。相反，你提前告知不要买礼物，是为了确保你的员工不会觉得花钱为你买东西是一种义务。

14.18 怎样解决那些你没有察觉到的问题

当有员工给你报告某个你没有察觉到的问题时，你最好自己想办法去观察一下。(比如说,如果你听说某位员工总是提前下班,你可以在快下班时到他的办公室周围转一转,以证明这条信息的真伪)。不过,这并不总是具有可操作性的,你与对方可能在全世界不同的地方工作(比如差旅);或者当你在对方办公室周围时,他的表现与平时有所不同;或者这个问题可能很严重,让你迫不及待地想观察对方再次发生这样的行为(比如对客户大喊大叫)。

当你需要解决某些不是亲自察觉到的问题时,你一定不要假设你所听到的信息是真实的,或者以为你了解事情发生的整个背景。这个信息可能是真的,或者你可能了解事情的来龙去脉,但当你并不掌握准确信息时,却以这个假设着手处理,这对你的员工并不公平。你可以说些类似的话:

◇ "通常我不喜欢听信那些二手信息,但有时候实在没有办法。我听说,前几天你好像对凯伦和贾马尔大发脾气。我知道我不掌握事情的全部经过,因此我想问问你到底发生了什么事情。"

第十五章

维持团队的积极性

十 非情绪沟通

15.1 如何告诉一名员工他没有获得晋升

有时,你不得不告诉某位员工,他没能获得期盼已久的岗位。在这种时候,你最好尽量诚实地直接告诉他原因,让他知道他是被公司重视的;而且,你要告诉他需要在哪方面做些什么,从而使他自己成为将来岗位晋升时强有力的候选人。

你的措辞听起来应该是这样的:

◇ "我想让你知道,公司已经决定了对外沟通主管职位的人选,我们决定聘请外部的候选人担任这个岗位。我知道这很可能是一个令人失望的信息,因此我想亲自告诉你,并和你说明原因。你与外联单位的广大记者们建立了非常好的关系,而且你有一种特别的天赋,能想出一些创意性的方法将我们的信息传达给新闻媒体。不过,你不大擅长团队管理。最终,我们选择了一位对这种规模的团队更有管理经验的候选人来担任此职,因为团队管理是这个岗位至关重要的职责。在过去一年,我从没见过任何人在这个岗位上的成长得像你那么迅速。你做出的持续努力对塑造公司在外联媒体中的印象起了巨大作用;你也是我们今年取得成功的重要原因之一。我想确保你在这里有成长的路径与空间。我计划与新主管交流一下,讨论如何让你获得更多的管理经验的问题。这样当下次岗位晋升时，你能更好地与岗位的要求匹配。当你想与我交流时，我们在任何时候都可以谈谈，但现在我还是想让你知道这个决定。"

当然，如果现实是这个人不大可能有岗位晋升的途径与空间，也要实话实说。举个例子，你可以这样说：

◇ "我想直接和你说，因为我们部门的人员这么少，对于每个人来说，没有太多的晋升机会。这个岗位以上的职位，都需要更高水平的媒体工作经验，而不幸的是，我们没有办法让你在工作中获得这种经验。我知道，这意味着，为了获得更多的经验，你在某个合适的时候可能会离开我们团队，那时我将尽自己所能支持你。不过，与此同时，你对公司非常有价值，在那之前，我希望我们能让你多待一段时间。"

15.2 如何拒绝员工提出的加薪请求

你能在不影响员工士气的情况下拒绝他提出的加薪要求吗？在很多情况下，只要你处理得当，就可以拒绝员工的加薪要求。这里有相关的做法：

1. 听对方说完。 即使你脑海中的第一反应（私下）是，对方提出的加薪要求完全没有道理，但通过交流，了解他认为自己应该得到加薪的理由，这将对你下一步要如何应对有所帮助。这样做还能让他感觉你给了他一个公平的申诉机会。因此，如果对方没有完全解释他的理由，你可以这么说：

◇ "详细地和我说说，你是如何想的，以及为什么这样想？"

十 非情绪沟通

2. 让对方给你一些时间来考虑这个请求。即使你依然确信你不应该同意对方提出的要求,但允诺会考虑一些时间,这样做依然是明智的。你可能会发现,静静地坐一会儿,思考对方的请求,竟然会改变你的想法;即使没有,你也希望你的员工看到你认真地考虑过。不过,不要用太长时间——你不应该让员工不断纠结,尤其你要给出的答案是否定性的时候更是如此。你可以这样说:

◇ "我很欣赏你提出这件事,我想花点时间考虑一下。我会好好想想,在这周结束之前给你回复。"

一旦你仔细考虑过,如果答案仍然是否定性的,那要解释一下你的理由——尽可能直截了当。比如说:

◇ "我仔细考虑了一下你的薪酬水平,以及你的薪酬与公司内部及市场上同资历、同经验人员的薪酬对比情况。基于这些数据,我想在这个岗位上,你的薪酬已经处于领先水平了。"(如果你与人力资源部对薪酬数据进行过协商,那在谈话中也要提出来。)

◇ "在过去几个月里,我一直希望你能以不同方式处理某些工作领域的事情,比如在项目推进上更为积极主动,以及与同事进行更为清晰的交流,以确保交流效果。你在解决这些问题上已经有了良好的开端,但我希望在重新考虑你的薪资之前,能看到你持续改进、不断提高工作水平。"

◇ "我认为你提出加薪的理由非常充分。你的工作业绩一直很出色,而且你说得对,你的责任在不断地增加。现实是,公司没有充裕的现金流让我们立刻答应你,尤其现在我们还面临预算短缺的情况。"

3. 向对方解释,得到加薪需要在什么地方提升他自己。比如说:

◇ "将来,在这个公司里,获得加薪的一条路径将是承担更多的律师助理工作。如果你对这个岗位有兴趣,那我们可以制订一个职业发展计划,让你开始在这个领域积攒更多的工作经验。"

◇ "如果在未来6个月里,在我们讨论过的重点工作领域,你能向我证明你所取得的重大进步与显著工作成效,那我将很乐意再考虑你的薪水问题。"

◇ "这只是预算问题,与你是否匹配目前的薪酬没有关系。一旦我们在预算上获得了更大的喘息空间,你将是我重新考虑薪酬水平的首要人选。"

15.3 如何警告某位员工他的工作处境不妙

如果你对某位员工的工作表现或某些行为感到非常担忧,而且这可能会导致你在未来的某个时候让他离开,此时,你必须告诉他。很多时候,经理们没有给员工明确的警告,结果,员工在失去工作时往往感觉措手不及。颇具讽刺意味的是,那些羞于给员工这类明确警告的经理往往害怕传递不友好的信息……然而,拒绝让某个人知道你的担忧有多严重,并进而错过自我改正的机会，这就更不友好了。

因此你必须要说出来。如果你和大多数人一样，这将是一场艰难的对话，而且你会很容易软化自己的语言。然而，你不能这样做；你需要非常明确地表达，这样信息中所传达的内容才不会丢失。这里有一个方法：

◇ "我们之前讨论过，我希望你在某些工作领域要做出改进与提高。我想坦率地和你说，这些问题很严重，直接关系到你在这里的工作。因此，我决心全力帮助你提高工作水平与业绩，达到公司对这个岗位的要求，而且我希望我们能共同行动起来。"

或者，当你为解决这个问题已经制定了一个时间推进表时，你可以这么说：

◇ "我们之前讨论过，我希望你在某些工作领域要做出改进与提高。我想坦率地和你说，这些问题非常严重，如果在未来的一个月里，你不能展示出显著的进步，那我需要让你离开这个岗位。不过，我准备与你一起努力，无论如何，在下个月我要帮助你提高工作水平与业绩，达到公司对这个岗位的要求，而且我希望我们能共同行动起来。"

15.4 解雇员工时该怎么说

解雇员工是经理们最难完成的工作职责之一。然而，这也是经理们最重要的工作职责之一。如果你不能正面解决员工的绩效问题，那么你注定是不称职的。此外，让低绩效员工待在团队里将影响其他员工的士气，这是非常糟糕的（如果你曾经与某些不努力工作的人共事过，你就会了解到这一点）。

当解雇员工时，你一定要明白，在99%的情况下，这次解雇并不是突如其来的。这应该是在一段完整对话中的最后一部分；在这场对话中，你要谈论对方工作中存在的问题，谈论需要改进的地方，并诚实地告诉对方，缺乏相应的改进会导致你不得不让对方离开。如果你这样做了，那么实际的解雇谈话听起来应该是这样的：

◇ "当两周前谈话的时候，我们讨论了这样的事实——如果你没有达到公司设立的标准，那我们无法再留你在这里工作。很不幸，尽管我知道你一直在努力，但我们现在决定让你离开。"

如果你与对方之前谈论过这个问题，但没有给他明确的时间表，那么你可以这么说：

◇ "在过去的几个月里，我们一直在谈论，你需要在工作中表现出明显的变化与改进。我知道你一直在努力，但不幸的是，我一直没有看到我们所需要的改进幅度。最终，我认为这只是你的才华与公司所需要的东西并不匹配，因此我们决定让你离开。"

接下来要谈论的是各项统筹安排，因为对方可能想知道这到底是什么意思，比如他应该是马上离岗，还是完成接下来的一天/一周的工作，是否会支付遣散费等事情。如果要主动地解决对方的这些顾虑，你可以说：

◇ "今天就是最后一天，在这个会议结束之后你可以自由离开；

你不需要担心工作上任何的交接问题。我们将在月底支付你的薪酬。如果你需要从办公桌上拿东西,你可以现在就整理;如果你不想现在处理的话,我可以把它们快递给你。你对这些安排还有什么疑问吗?我可以为你解答。"

此外,还有一些重要提示:

最好在谈话一开始就传达这个决定。不要试图含蓄地表达这个信息或是减轻这个打击,否则你可能会让对方意识不到你们已经做出了这个最终决定。你不应该让他认为,这只是另一次反馈谈话,或还有机会改变你对他的评价。

保持对话相对简短。你已经做出了决定,因此谈话不应该成为一场争论。让对方知道这个决定,并告诉他你很欣赏他的努力(如果是这种情况的话),然后再说后期安排的事。

在整个谈话过程中,你可以保持自己的语气友好、富有同情心。你可以承认,对于这个结果,你感到很抱歉。

15.5 如何告诉你的团队你刚刚解雇了某位员工

告诉团队自己刚刚解雇了某位员工,这可能是一件很棘手的事。如果这是每个人都预见到的事,而且大家一致觉得需要那样,那他们会为你解决了这个问题而感到欣慰。然而,在另外的情况下,人们对此可能会感到措手不及,因为当一个人专注于做好自己的工作时,其他同事的业绩表现并不总是显而易见的。当他们感到措手不及时,这可能引发紧张和焦虑情绪(因为大家会猜测到底发生了什么,而且有些人则会担心他们是否也会被解雇)。

与此同时,你需要尽可能地照顾被解雇同事的隐私和尊严。因此,在大多数情况下,知道该员工被解雇的原因的人应该受到严格限制。

此时,最有帮助的事情是,对你的员工们开诚布公地说明你通常是如何解决绩效问题的。让他们知道,当员工被解雇之前,他们已经得到了明确的警告及提高绩效的机会(除了像贪污或殴打同事这样恶劣的情况)。如果员工们明白,你不会做出武断的或不公平的人事决定;如果他们的工作处于危险境地,他们也会知道这个程序,那么围绕解雇"小题大做"的情况可能就会大大减少。

因此,当你必须宣布你解雇某位员工的消息时,你要说些什么呢?你可以从某个细节处着手,对它轻描淡写,只要你自己清楚基本的情况即可。比如说:

◇ "今天是克丽在公司的最后一天,我们祝愿她一切顺利。我们将立即开始寻找合适的替代人选,在这之前,乔丹将暂时负责处理她的项目。"

事后,如果大家想知道更多的细节,你可以这样说:

◇ "尽管我想尊重克丽的隐私,但我必须承认是我解雇了她。我知道当这件事发生的时候,大家可能并不了解内情,因此会感到震惊;不过,我想强调的是,这对她自己来说并不是什么意外的事情。在我们做出让某人离开的决定之前,通常,我们已经和他进行过多轮的交流,包括讨论他工作上的问题是什么,以及如何改善工作业绩。因此,我想确保你们都知道,除非遇到非常糟糕的情况,否则这种离开并不会突然到来。"

15.6 如何告诉你的团队你将离职

当你告诉你的团队,自己即将离开这个工作岗位时,他们脑海中会蹦出一连串的问题:"对自己来说,这意味着什么?新经理会改变现状吗?自己将经历多长没有经理的时间?在此期间,各项工作如何运转?"

你可能不知道这些问题的所有答案,但你应该准备好要告诉他们一些事情,即使只是弄清楚这些答案的时间表。因此,你应该这样说:

◇ "嘿,我有一些喜忧参半的消息要和大家分享。这段时间,我做出了一个艰难的决定,我可能要离开这家公司,另一家公司给我提供了一个管理对外沟通事务的职位。对新工作我充满了期待,但要离开大家,我感到非常难过。与你们一起工作很愉快——我会想念我们的这段共事经历,而且我期待与大家保持联系。我知道大家可能有很多疑问,我们的部门会发生什么变化。与公司高层一起,我们正在捋顺各项细节,但我可以告诉大家,我会一直待到这个月底,并利用这段时间帮助建立部门内的临时管理机构,从而使各项工作保持正常推进。我们也在寻找一位新的人选来填补我的职位空缺。如果我了解了更多的信息,我将第一时间与大家分享。"

PART 4

这样说,
面试才会顺利

part 4 这样说，面试才会顺利 十

在这本书中，工作面试的对话双方可能是最陌生的。在这场对话中，有一个显而易见的特点：双方的关系并不平等。至少对大多数人来说，他们都这样觉得。应聘者很常见的一种感受是，你的面试官掌握着所有的权力，而你应该只能等待对方的评判。

当然，你的面试官确实是在评判你。这是他的责任，也是你们谈话的重点。不过，这并不是单向的，你应该也会评判你的面试官、你应聘的这家公司及你所应聘的岗位。你的面试官想知道你是否是这份工作最匹配的应聘者。你也想知道这个岗位是不是最适合自己。

这并不意味着你需要处处配合的面试就不存在不平等关系。那当然有，而且它们通常会以双重标准的形式出现。比如，你的面试官在面试过程中接听电话，这个行为被认为是可以的；如果你这样做，就可能很令人震惊，而且你将给别人留下不守规则的印象。你的面试官可以稍微迟到一会儿（虽然不会晚几个小时），然而却期望你能准点到达。

不过，当谈论到面试过程中的不对等关系时，你要记住的事情是，你的面试官并不是在帮你忙。这是一次业务对话，你的面试官希望你能成为这个业务问题（职业空缺）的解决方

十　非情绪沟通

案。你在那里参加面试也是出于业务原因，你需要决定你是否愿意与这家公司达成商业协议，并参与到某项业务安排中去。显然，你也应该像处理其他业务谈话那样，充分应对这场面试。

这意味着你应该：

1. 期望得到对方合理的考虑（如果你等了两个小时面试官才姗姗来迟，或者在最后一刻你的面试被取消了而得不到对方任何真诚的道歉。这显然表明，你没有得到认真对待）。

2. 记住要评判你是否想要这份工作，以及你是否擅长该领域。不要让自己因过分专注得到这份工作的录用通知书而迷失了方向。

3. 问一些你需要答案的问题，以确定这份工作是否真是你想要的。

4. 如果公司给你开出的待遇太低且不合理，那你可以自由地维护自己的权益。

5. 如果你认为这份工作不适合你，那坦诚地直接说出来。

6. 一旦你意识到面试官并非能掌控全局，你给人的印象将更加自信、更具有吸引力；而且，你可能也会发现面试时你感受到的压力要小得多。

有了这些思想基础，让我们来看看在这个过程中你可能会遇到的一些复杂而棘手的对话，以及如何应对它们。

第十六章

化解面试中的"窘态"

十 非情绪沟通

16.1 你接到一个出人意料的电话面试

通常情况下,聪明的经理都会提前安排好电话面试的时间;不过,仍然有很多人会给你打电话,试图在没有任何提前通知的情况下,要求当场对你进行面试。

或许你当时正好在一处相当安静的地方,这样你就不大可能会被打扰;或许当时你又恰好不需要在10分钟内冲出门去做某事……

然而,以上这些情况并不是每一次都会遇到的。或许你正在杂货店排队结账,或者你正好刚刚睡醒,或者你正好在一个开放的办公室而周围都是同事……这时你可以向对方解释自己无法接受这个面试的原因,并要求重新安排时间:

◇ "我很想和您谈谈,但这会儿我正在参加一场会议。今天晚些时候或者明天的时候,我可以给您回电话吗?"
◇ "我很高兴接到您的电话。不过这会儿我没法和您交谈,我现在待的地方没法好好说话。今天晚些时候或者明天的时候,我可以给您回电话吗?"

16.2 参加面试时,你迟到了

理想状况下,面试时你永远不会迟到,而且到达面试地点之后总有多余的时间来调整自己。然而，如果发生了意外状况，你意识到这场面试你肯定会迟到，此时，尽快地给面试官打电话，告诉对方你最可能的到达时间，并向对方致以深深的歉意。

此时，你要记住，面试你的人并不认识你，他没有途径分辨——你认为迟到是一种非常不合适的行为呢，还是你就是那种在各种工作场合总是迟到的人。正因为如此，所以你处理这种情况的方式会直接影响别人的判断，你一定要清楚地表明这并不是你平常的行为方式。你要让对方感受到你很羞愧，并清楚地表明你对待迟到的态度非常严肃。

比如说，当你给对方打电话解释你将迟到时，你可以这样说：

◇ "非常抱歉！我本来安排了充足的时间前往面试地点，没想到在45号公路上发生了严重的交通堵塞，这可能会让我迟到20分钟。这对您的时间安排来说，可行吗？如果安排不了，我当然理解。"

然后，当你到达之后，你要再次道歉：

◇ "我非常抱歉迟到了。我对守时的习惯有点神经质，因此这对我来说是很痛苦的。"

这些道歉看上去很平常，每一个人似乎都会为了一些事情说这些话。不过，还是要回归我们之前讨论的事实，他们并不认识你，不知道你平常的时间习惯。

16.3 你的简历上出现了一个错误

当然，你希望你的简历总是完美无瑕的，但我们都是人，

十 非情绪沟通

因此在简历上难免会留下一些错误。也许在简历上，你上一份工作的时间是错的，或者最后一行字完全从页面上掉下来了，导致看起来你像是从来没上过学，或者你写的是你毕业于1912年，而不是2012年。

首先，要知道，如果你获得了面试机会，雇主就不大可能推迟对你面试——他们可能并没有发现你简历上的错误。尽管如此，在面试之前解决这个问题是明智的，这样做可以达到双重效果——你可以证明你并没有遗忘这个错误，而且也能纠正这条信息。(此外，你会给面试官一个机会，让他看到你是如何优雅地处理尴尬局面的，这不是件坏事。)

你可以这样说：

◇ "在我们正式开始之前，我想提一下，我发现自己之前发送给您的简历中，关于我所接受的教育那部分信息在打印时被剪切掉了。这是一份包含教育信息的版本。"

◇ "在正式开始之前，我想针对我的简历中标明的信息，先解释一下。实际上我不是毕业于1912年，而是2012年。通常情况下，我对校对有点神经质，因此这个错误真让我很羞愧。我希望您不会因为我不是一位百岁老人而感到失望。"

如果你没有注意到错误，而是面试官提出来而引起你的注意呢？在这种情况下，试试这样的说法：

◇ "噢，不！谢谢您让我注意到这个信息，这样我能修改过来。通常情况下，我对校对有点神经质，所以这个错误真让我很羞愧。"

16.4 面试时,你没明白对方提出的某个问题

在面试过程中,如果你没有完全明白对方提出的问题,不要试图虚张声势;简单地问问你的面试官,让对方再清楚地说明这个问题。你可以用以下措辞:

◇ "我能请求您再重复一下刚才的问题吗?"

◇ "我想确保我理解您说的话。您是在问 X 吗?(用你自己的话说。)"

◇ "我不确定我完全听懂了您的问题。我想确保我的回复是您想要的内容。您能换一种方式问吗?"

16.5 你被某道面试问题难住了

在面试过程中,如果你被某道问题完全难住了,那么,你千万不要试图糊弄过去。如果这个问题很重要,面试官可能揭穿你这是在糊弄,并指出你的这种做法并不合适。相反,你要做到坦诚。这样的话,你就会给人留下诚实、正直的形象,而且优秀的面试官将会欣赏你的这种得体的处理方式。

回答难题的方式其实取决于你遇到的问题类型。如果有的问题超出了你的知识范围,那你最好诚实地回复你不知道,然后谈谈你将如何着手去找到这个问题的答案:

◇ "嗯,实际上我不知道该怎么回答这个问题。过去当我遇到类似的情况,我会完成 X 和 Y,这通常会使我找到解决问

十　非情绪沟通

题的正确方向。"

如果这个问题更像是"当你不得不做 X 的时候，告诉我你是如何处理的"这种类型，而当时你无法想出一个好的事例来进行分享，那就直截了当地告诉对方。然后，在理想状况下，你要么与对方分享一个与问题相关又不完全相同的事例，要么谈谈如果遇到这种情况，你将会怎么处理。比如说：

◇ "这是一个很好的问题。在工作中，我很难碰到这类问题。然而，如果它真的出现了，我会用这种方式解决……"

第十七章

获取自己想知道的信息

十 非情绪沟通

17.1 雇员们在网络上对公司进行了差评

如果你要去面试的公司在玻璃门这样的网站上的评论很糟糕,或有其他方面的声誉问题,那你可能会想知道,在你的面试过程中是否有什么方法询问这个事项。

只要你采用很职业化的方式,提出类似问题就是完全合理的。你正在考虑在未来几年时间将你自己与这家公司紧密地联结在一起,因此你不应该担心提出这个话题会令人尴尬。解决你所担忧的事情才是最关键的。

当然,你组织语言的方式不应该使你的面试官陷入防守性的位置。因此,你的语调听起来应该是合作性的,而非指责性的;你的措辞听起来是向着面试单位的(即使你私下的本意并非如此)。比如说:

◇ "我注意到,在玻璃门网站(Glassdoor)上,员工们频繁地评论了他们所担忧的事项,包括公司的企业文化氛围和作息时间等内容。我很好奇您对这些评论的看法,以及公司是否在这些事情上应该做出改变?"

17.2 不同的面试官关于这份工作给出的信息是矛盾的

在面试过程中，与多人进行交流可能会使你颇为受益，因为你能从不同的角度去了解工作岗位、企业文化及岗位挑战等。然而，如果你注意到，关于这个岗位的核心、这个岗位在第一年要获得的最重要的成就等事情上，你听到的信息是不同的，那么弄清楚这些事情就是非常重要的。否则，最终这个岗位的职责与你签约时获得的承诺可能会不一致，或者关于你所在岗位的评价标准，对方还没达成一致。

你可以这么说：

◇ "我从安娜、费格斯和波提亚那里听到了不同的观点。听起来，好像有些人希望该岗位能集中精力扩展培训课程，而有些人希望该岗位能专心于引入新业务。您能给我稍微解释一下，对该岗位的期望值是如何平衡的吗？另外，关于如何评价人们在岗位上的表现，公司内部是否有一致的标准？"

17.3 面试官询问你关于信仰、种族、生育小孩计划或者其他不合适的话题

与惯有的看法相反，面试官询问你的信仰、种族、婚姻状况、孩子数量或者孩子的生育计划并不违法。然而，如果雇主只是基于你对这些问题的回答，做出是否招聘你的决定，那就是违法的；因此，聪明的雇主们不会提出这些问题。这些问题往往

十 非情绪沟通

会让求职者非常紧张,这是可以理解的。因为,这可能引起可怕的事情,即面试官可能会以某种违法的方式歧视你。

不过,这条法律信息并没有传达给每个人,无论如何,你可能遇到某位面试官,他就问了其中某个问题。有时候,甚至有面试官知道最好将这些问题作为与你闲聊的一部分。

因此,如果在面试过程中遇到这种问题,你应该怎么做?

你的面试官只是试着与你建立友好而融洽的关系,而这些问题被作为你们闲聊的一部分内容。如果真是这样的情况,而你也能带着这种友好的情绪进行回答,那么通常你会得到一个更好的结果。

不过,如果你感觉你的面试官问你是否结婚了,其实是担心你马上需要休假生育小孩,那就是另外一种情况了。

解决你认为面试官真正关心的问题。比如说,如果你认为面试官比较担心,有孩子则意味着你无法踏实可靠地工作,你可以说:

◇ "在工作时间内,没任何私人事务会影响到我完成工作的能力,我把工作视为当务之急。"

问问面试官为什么这么问。这么做的话,你必须小心翼翼,因为如果你的态度看起来是对抗性的,那这场面试可能永远无法回到正常轨道上来了。不过,你可以用真诚、好奇的语调,愉悦地试着问以下某个问题:

◇ "您为什么这么问?"

◇ "在这次面试之前,没有人问过我这个问题。究竟什么原因让您提出这个问题呢?"

17.4 面试官带你去餐厅吃午饭，而菜单上没有你能吃的食物

即使在最好的环境中，午餐时间的面试也会让人很头疼。

如果你有饮食方面的限制，当了解到你的面试将在午餐时间进行时，你要在第一时间向对方提起这些事。比如说：

◇ "这次面试安排听起来很棒！我应该事先提一下，我是一名素食主义者，以防这会影响我们的面试地点。最近几年，素食者很常见了，但我认为我应该提前提一下。"

如果你不想在午饭时间面试，你可以说：

◇ "我真的非常感激您发出的午餐邀请！我一直在饮食方面有独特习惯，在这附近很难找到一家符合我习惯的餐厅。您提出这样的提议真是太好了，但我怕由于我自己的原因影响到您，所以我们跳过午餐这个环节可能会更轻松些。"

如果在没有任何提示的情况下，对方给你安排了午餐，而你发现你随着面试官走入的餐厅里没有可以吃的东西，那该怎么办？

如果你的面试官很体面，那么当他意识到这种情况时会感到很窘迫，并会想办法为你化解这种局面。不过，你越早直接说出来，解决时越能够轻松些。比如说：

◇ "当我们走进餐厅时，我就应该提一下，不过我想菜单上不会没有一点儿我能吃的食物。可是看起来这家餐厅只提供

十 非情绪沟通

海鲜类食物,而我对此过敏。如果可以的话,我想点杯饮料,或者您愿意到附近别的餐厅看看吗?"

ASK A MANAGER
在一场面试过程中,我把痰吐在地板上

读者来信:

最近,我接受了一家单位的面试,我对这个职位感到非常兴奋。当时,我刚刚从生病状态中恢复过来,在与对方安排面试时间时,为了安全起见,我把面试时间往后推了几天。尽管在面试当天,我依然断断续续地咳嗽,但总的来说我感觉很好。面试整体上进展顺利,然而,就在快要结束的时候,咳嗽终于发作。我几乎要把肺咳出来了。面试官起身带我去饮水机旁,并告诉我不要慌忙。他真的非常友好。然而,最终,我咳嗽得实在太厉害了,以至于我嗓子眼的痰直接喷到了地板上,就在面试官面前。

我不知道应该做些什么,因此我说了一些话,大意大概是"好吧,刚发生了这样的情况"。然后我不停地道歉,并询问清洁用品放在哪里。他回复说不用担心,希望我身体健康,然后立即把我领到了门口。是否有机会恢复我给他们留下的初步印象?我需要给他们打电话道歉吗?

噢，不！这根本不是你的错，但我能想象出你当时有多么震惊。不管怎么说，只有混蛋会以此为理由拒绝录用你。人们都会生病，有时生病的时间不那么凑巧。

你不用打电话给他们道歉，但在你面试后的致谢信息中，除了提到面试中的要点之外，你还可以说些类似的话："再次感谢您对我生病的状况给予亲切的回应——这可以算是我在面试中最不愿意发生的事情。"就我自己而言，我会加上"至少我们现在都有过很恐怖的面试经历了，超过任何人的故事"。当然，这可能不适合你的风格。

17.5 你的面试官迟到了一个小时

作为参加面试的应聘者，你知道面试时你不能迟到，即使只是10分钟也不行。然而，面试官他们自己经常迟到。尽管这很烦人而且非常不公平，但这就是很多面试时的现实。

虽然这么说，但作为应聘者，你当然可以对面试官进行评判，并根据对方的行为做出你的结论。虽然迟到10分钟可能并不是什么大事，但迟到一个小时确实不礼貌，而且这可能是公司管理秩序非常混乱的迹象，表明这可能并不是你愿意来工作的地方。

如果你的面试官迟到了一个小时，那你最好注意一下他是如何解释自己的迟到的。这是一位不体谅别人或时间管理混乱的经理人？或者是否发生了某种临时的、情有可原的情况？他看起来很窘迫，频繁向你道歉，并解释他们并不会经常迟到？

十　非情绪沟通

或者,让你等这么长时间,他的态度却有些漫不经心?

如果难以做出判断,你可以礼貌地问这样的问题,让面试官来回答迟到的原因:

◇ "我以为我们约定的是两点——我希望我没记错时间吧?"

如果这并没有使你得到一个真诚的道歉,那么就能够帮助你更好地了解将来的雇主了。

第十八章

处理工作经历中的"污点"问题

18.1 如何解释你长时间处于无业状态的原因

你可能听说，雇主们一般倾向于招聘那些一直就业的应聘者，虽然这可能是事实，但你不应该让这吓到你。如果近些年来，你有很长一段时间处于无业状态，那就简明扼要地说明存在如此长间隔的原因，而不要让人觉得你自己认为这很丢脸。

你应该说些什么，取决于间隔期的具体原因，这里提供了一些不同的措辞：

◇ "我当时身体出了一些问题，不过现在已经彻底痊愈了。"这是一种非常简便的回答思路，因为绝大多数雇主不会打听更多的细节。同样，这句话的后半句也非常重要，因为你要让雇主放心，你已经准备好再次工作了。

◇ "当时我要照顾一名生病的家庭成员。现在我已经做好准备，并渴望回到全职工作状态。"

◇ "当我从上份工作离职的时候，我想能够沉淀一下。因此，我花了几个月时间旅行，并思考了自己接下来要干什么；而且我想慢慢来，申请工作时也精挑细选。我对这份工作感兴趣，是因为……"

◇ "在有了女儿之后，我从会计岗位离开了几年时间，但我真的很想回去工作。最近，我发现自己完全将阅读有关税法改革的文章当作了一项休闲活动，我突然意识到是时候重新回到工作中了。"

18.2 如何解释你曾经被解雇的经历

如果你最近的工作经历中出现过被解雇的情况，那么在新工作面试时，你可能非常害怕被问起这段经历。然而，其实很多人都是被解雇后找到好工作的！对你的职业生涯来说，被解雇并不是致命的问题。

在面试中谈论自己被解雇的经历时，你一定要注意如下几点：

冷静。确定你自己的措辞听起来不是防守性的或者愤愤不平的，因为这样表明你依然很情绪化。对你的面试官来说，这是一个危险信号。你的措辞要让别人相信，你已经从过去所发生的事情中学到了东西，并想往前发展。

简明扼要。这非常重要！你的面试官实际上是在寻找一些过去所发生的事情的基本信息；他并不想得到一份你做过的所有事情的详细清单。

提前练习。讨论自己是如何被解雇的，这可能会让你很尴尬。因此，你需要提前大声地练习你的回答，这将使你的话听起来更自然和从容。

对于答案本身，你应该试着用一两句话总结出来，即为什么你和你的雇主并不匹配或者在其他方面出现了什么问题，然后再用一句话表明你学到了什么或者因此做了什么不同的事情。比如说：

◇ "实际上，我是被解雇的。我向两名副总汇报工作，而得到了相互矛盾的工作指示，我当时没有在合适的时机说出来。我试着同时执行他们的指示，但这并不现实，而最终我也没有平衡好，犯了一些错误。这教会了我很多东西，当事情的轻重缓急并不明确的时候，我需要早点说出来，才能避免这样的事情再次发生。"

◇ "我是被解雇的。我之前的岗位需要做大量编写代码的工作，而我在此领域并没有很丰富的经验。我认为自己能很快地达到岗位要求，但我低估了我需要学习的东西。他们做出了正确的决定，我很欣慰能回到专注于设计工作的岗位。"

◇ "最终结果是我与岗位的不匹配。他们在寻找具有专业水平的设计师，而我真的只是一名文案，而不是设计师。最终，我们一致认为，在这个职位上，我真的发挥不了任何作用。"

18.3 当你的经理让人很抓狂（你知道不能这么说），如何解释你换工作的真实原因

在工作面试过程中，我通常都由衷支持应聘者诚实地回答问题。如果你想得到一份真正适合自己的工作，那这是最简单方法。如果你虚假地描述自己、虚假地总结以往的工作经验或你的工作技能，那么你最终得到的工作可能会让你痛苦不堪，甚至导致你会被解雇。

然而，如果你离职的原因是让人窒息的工作氛围，周围有

第十八章 处理工作经历中的"污点"问题 十

非常讨厌的同事,或你的经理完全是个疯子,那么,当面试官问你离职的原因时,诚实原则可能就必须被置于次要地位了。

如果这就是你离开的真正原因,那总体而言很正常。面试官们都知道,确实存在糟糕的经理、公司氛围及同事。即使如此,你也不能笼统地将问题全部推出去。从面试官的角度来看,如果我听到类似这样的话,我当然想:你所说的可能都是准确的,然而我并不熟悉你,因此我也有理由怀疑是你导致了这些问题的出现。你的经理真的是事无巨细的还是你很难相处?所有事情真的如你所说的那么糟糕,还是你是一名不可取悦的职场"主角"?我不得不怀疑,你的经理对这些事情的看法是不是不大相同?

此外,坦白地说,面试的惯例很简单,即你不要说前任雇主的坏话。你要充分表明,你知道在商业场合如何让自己的言行谨慎,并更加职业化。

那么,你该何去何从呢?你可以参考如下的说法:

◇ "我是准备好接受新的挑战!最初,我是被一个全新的培训项目吸引到这家公司的。我已经花了3年时间来跟进这个项目,并使之正常运行。大约在18个月之前,我们启动了这个项目,现在已经完全超过了销售目标,而且还获得了一个行业内的奖项。现在这个项目已经平稳运行了,我很兴奋地想推进新的项目了。"

◇ "我在目前的岗位上学到了很多东西,而且还承担了类似X和Y这样的职责。不过,我内心一直想转入Z领域,因为我们是一个小团队,所以在目前的岗位没有太大的空间让

十　非情绪沟通

我去做 Z 领域的工作。这也是我会对你们所招聘的岗位如此兴奋的原因。"

当然，只有你在上一个工作岗位上待了足够长的时间，以上这些答案才讲得通。如果你只在这个岗位上工作了 6 个月，说你正在寻找新的挑战，那么听起来就很不合适。这种情况更像你对工作有不现实的期望，而且很容易感到厌倦。对此，你通常需要更加坦白地说明是什么因素驱使你这么快就找新工作。比如说：

◇ "我曾经在某研究机构工作过，原本我被雇来撰写医疗保健政策，但事实证明他们需要一位具有专业学科背景的人。我与他们的岗位需要并不匹配，因此我在找一个更加合适的工作岗位。"

◇ "我接受这份工作的主要原因之一，是与我原来的经理一起工作。然而，我到这个岗位之后他又离职了，我感觉这个部门正在朝着一个不太适合我的方向发展。"

ASK A MANAGER

面试时要避免的5条禁忌

到得太早。 参加一场面试时，你肯定知道不应该迟到，但你有想过到得太早会怎样吗？如果你比约定的时间早到 10 分钟以上，那么你可能会惹恼你的面试官，因为他可能觉得有义务放下手里的工作来迎接你。给自己留出一定的缓冲时间,这样你就不会迟到。如果提前到达了约定地点,那你可以在咖啡店甚至你的车里消磨多余的时间。在离约定面试时间还差10分钟时,你再过去。

穿得太随便。在绝大多数的行业里,你需要穿上西装去参加面试。即使在很多办公室,大家都穿商务休闲装,那他们仍然期待应聘者穿上西装。不过,你最好还是要了解一下自己所在领域和所在区域的面试着装规范。因为同样的行业,洛杉矶的着装规范可能与波士顿的着装规范就很不同。如果你不确定具体的着装规范,那就将西装视为默认着装。

只对一位面试官交谈。如果面试时,每次和你交流的面试官不止一个,那要确保你在交谈时与所有人都有眼神交流。有时候,应聘者只与自己认为最重要的或资历最深的人交谈,这可能会给人留下不礼貌和对人不屑一顾的印象。

使别人对你是否适合这份工作的担忧最小化。如果面试官观察到你对这个岗位的某核心职责没有相关的经验,你不能只是糊弄般地表明,你可以学习任何知识弥补或者你确信这将不会形成一个挑战。优秀的面试官不想听到一系列推销说辞;他们想看到你对这个岗位的挑战有比较现实的看法,而且他们也会欣赏你诚实地谈论你将如何面对这些挑战。

太过拘谨以至于面试官无法了解你。有时候,人们会全神贯注于面试的礼节,进而显得非常拘谨或有所保留,这将导致面试官很难真正地了解应聘者。如果他不清楚作为同事每天相处时,应聘者的表现会是什么情况,那么面试官将很难做出决定。

十 非情绪沟通

你当然不应该把面试官当作你自己的亲密朋友,但你最好还是展示出你的个性。此时,你可以认为,你正在和一位每个月见几次的同事会谈,而且对方与你有较好的职场关系。这就是你要争取的基调。

18.4 你知道你的前任经理可能会给你糟糕的推荐信

如果你知道你的前任经理可能会给你一封很糟糕的推荐信,那么你首先要做的事情是,弄清楚新公司的背景调查员与他联系的可能性有多大。许多雇主只会接触你提供的联系人,因此你可以进行简单的操作,即把这个人从名单中划掉。然而,背景调查员可能会问你,为什么你的经理不在这份名单上。因为他是你最近一份工作的经理,所以雇主可能会特别要求与这个人联系,对你进行背景调查。

如果是这种情况,在给对方一些他们可能想了解的具体背景信息之前,不要让他们双方对接。比如说:

◇ "我想坦白地和您说,我与乔治的关系是有问题的。在项目运营的策略上,我们意见完全不一致,这也是我决定离职的原因之一;而且我认为他对我所在岗位的职责有完全不一样的规划。不过,或许您可以与我的其他同事联系,他们能从不同的角度对我所在岗位的工作进行评论。"

◇ "我应该提前告诉您,我不确定您会从露西那儿得到什么样的推荐信息。她的风格很反复无常,有时候她喜欢我的工作表现,另一些时候又不满意。她对每个人都这样,并不单单是针对我，而且我知道她曾经对那些工作业绩出色的人给予了不好的评价。因此，我可以让您与她取得联系，但我想请求您对她的推荐信息持保留态度。不过，我非常乐意您联系我在从事那份工作时遇到的其他同事。"

想消除一条糟糕的推荐信息所带来的影响，最保险的做法还是提供大量其他的推荐人。他们会热心地对你过往的工作业绩进行评价。因此，你要确保自己一定会这样做。

18.5 雇主想联系你现在的经理获取你的推荐信息，但你的经理并不知道你在找新工作

去参加面试时，不告诉当前雇主自己正在寻找新工作的信息，这是很常见的情况。因为预先向当前的雇主透露计划离职的消息，可能导致在计划好的离职时间之前，你就被解雇了。

显然，你不想危害到当前的工作。通常情况下，面试你的雇主应该明白这一点，并会对这一事实保持敏感。然而，在某些情况下，你可能遇到这样的雇主，无论如何，他要求你允许他联系你当前的雇主。如果发生这样的情况，你可以按如下的方式驳回对方的要求：

◇ "我现在的经理并不知道我正考虑离职，在我正式接受一份新工作之前，告诉他这个信息可能会使我在工作时很为难。我不能冒这个险，但我很乐意提供其他人的联系方式。他们也可以向您介绍我的工作表现。"

◇ "在我接受另一份工作之前，如果让他们知道我正在找工作，

这会使我当前的工作非常危险。不过，我可以给您很多其他推荐人员的联系方式，而且，如果推荐信是一个关键点，那我们是否先商定一个附带条件的录用书。在您电话联系他们之前，我想先确定这项工作机会的具体细节，从而使我们对这些条款能达到一致意见。"

18.6 面试官提到他认识你现在的经理

如果你正在寻找一份新工作，但还没有告诉你现在的经理（对你来说，这完全是一件正常的事情），而你的面试官说他认识你现任的经理，那么你可能会感到一阵恐慌。他可能会向你的经理提到你的这次面试吗？这不是应该保密的吗？

不要恐慌。冷静且直接地向面试官解释，你当前的雇主并不知道你在找工作的事，并请求面试官对你参加面试的事情保密：

◇ "我没有和简提过，我来参加贵公司的面试；而且，我暂时还不想让别人知道我正在求职。我能请求您对我们的交谈信息保密吗？"

如果情况属实，还可以加上：

◇ "简非常棒，但我们公司一旦发现有员工与外部公司商谈求职的事，会倾向于迅速解雇他们。因此我现在还不能让别人知道我在求职的事。"

第十九章

摆脱面试过程中的麻烦

十 非情绪沟通

19.1 你知道你把这场面试搞砸了

当从面试地点走出来时,你心里已经知道自己搞砸了。你当时一定想知道是否有办法重来一次,或者,向面试官承认,这次你并不是处于最佳状态。

我曾经和很多人交流过这个问题。这些人认为虽然自己在面试时没有回答好问题,但最终还是得到了这份工作。有些问题并不像其他问题那么核心,而有时候人们的自我评估也会出现偏差。

不过,如果你确信你这次面试的情况惨不忍睹,你有几个不同的选项来应对这种情况:

如果你你觉得你只是在一两个问题上回答得很糟糕,而不是整场面试,你可以给面试官发一封感谢信,重申对这份工作的兴趣,然后这样说:

◇ "在我们谈话后,我才意识到,当您问我关于 X 的问题时,我说了……后来我才意识到我误解了这个问题并想纠正过来。"

如果情况是,面试官问了很多问题,而它们属于你并不擅长的工作领域,你可以在感谢信中这样说:

◇ "我想坦诚一个事实,即我在 X 领域没有很丰富的工作经验,尽管我确实认为我在 Y 领域的工作背景,对您实现 Z 目标非常有用。"不过，要记住，如果他们所寻找的应聘者确实需要在 X 领域具有丰富的经验，那你可能永远不会成功，因为这意味着该岗位并不是你想要的工作。

你可能面试前一天晚上没有睡觉；在处理个人的糟心事；刚从疾病状态中恢复过来；或其他类似的事情。总之，你完全不在状态，另外，你确信面试官察觉到了这些因素对你的影响，你可以这样说：

◇ "我想坦率地说，面试时我并没有处于最佳状态，因为前一天晚上我没睡着觉。如果有机会让我们再交谈一次，我希望您能看到不一样的我。"注意，使用这个选择时，一定要确认面试官注意到了你当时的情况——如果没有，这封感谢信可能让对方大吃一惊。

这些措辞会对你的面试结果有影响吗？可能有，可能没有。这真的取决于面试人员的评价；他们最看重应聘者的什么能力；他们优先选择什么；其他的应聘者的情况。不过，这些措辞值得一试。

19.2 面试官要求你免费做一些工作

对于雇主们来说，使用一些方法来测试应聘者的工作能力是很明智的，类似写作测试、模拟解决某些问题及简单的模拟项目，只要这些工作事项不需要花费大量的时间，且只用于应聘人员评估。然而，如果雇主要求你做一些需要花费大量时间的工作（超过一两个小时），那这种做法则不是很好。

如果参加面试时，对方要求你花两个小时以上的时间为他

十 非情绪沟通

们做一些实际工作,那你可能会左右为难。因为,如果你驳回他们的要求,你可能会被踢出新岗位的竞争行列。这其实是在考验你对被惩罚的可能性的接受程度。看待这种情况的一种思路是,你并不想为这样一家公司工作,它丝毫不顾及应聘者的感受,或者更糟的是,它想从应聘者身上占便宜。然而,现实很残酷,并不是每个人都有很大的选择余地。

如果你决定驳回对方提出的要求,这里有一些表达方式:

◇ "在没有更多背景信息的前提下,我认为我无法完成这个司法项目。如果您愿意的话,我们可以将这作为一个咨询项目进行讨论,但是由于其他的承诺事项,现在,我真的不能花一个多小时来进行评估练习。不过,我能给您描述一下我对岗位工作的认知(提出某些小得多的工作细节),如果这对您有帮助的话?"

◇ "通常我不接私活,但我肯定可以为您提供一些类似的案件材料。"

ASK A MANAGER

我的面试官一直要求我帮助他工作

读者来信:

在人力资源领域,我掌握了一套独特的技能,能独立完成各个版块的工作。最近,我到一家新公司参加面试。给我面试

第十九章 摆脱面试过程中的麻烦 十

的那位主管的工作能力显然在平均水平线以下,很多时候,他不知道该怎样继续推进某些工作;如果他们雇用我担任该职位,那么我肯定能胜任。从我最初的面试开始,他安排了一次电话会议,并给我发了两次电子邮件,写满了各种问题,让我"帮助他"驾驭他的新岗位角色(那次电话会议是为他参加某个会议做准备,他不确定在会议上要提什么问题;我只好为他提供国际人力资源战略部署新市场准入等信息。他提出的下一组问题,主要为了阐述他在那次会议上不理解的事项。)昨天,他给我发了一份问题清单。因为他们试图建立一个国际福利计划,所以关于选择哪些类型的计划、应该怎样实施推进等,他又提出了大量问题。

这让我处于一种非常糟糕的境地,因为我不想让自己看起来是没有团队精神的人,或是不愿意帮忙,但很显然我并不是他们的员工,他们也没说要录取我,所以我感觉他真的是在利用这种局面,让我白白帮忙。

接下来我还将接受第二轮面试,人事部门的招聘人员一直告诉我要"坚持下去"。除非我得到了这份工作,否则我不想再继续了;不过如何在不影响这个职业机会的前提下,避免这种情况呢?你有什么想法吗?

他确实是在利用这种局面;而且,在没有报酬的前提下,要求你帮助他工作毫无道理。

一次全面的面试过程会通过使用不同方法来观察应聘者的工作能力,并借助现场练习、模拟或解决现实问题的方式,检验他们的工作表现情况。不过,这并不包括你面临的那种情况:无论他是否意识到,这都是一种不道德的攫取行为。(需要明确

十 非情绪沟通

说明的是，很有可能他没有意识到自己做错了什么事情。他可能没有考虑到自己的要求很过分。但这并不能成为借口，不过，你可以凭这一点来判断其行为到底是拙劣的，还是不法的。）

至于怎样处理这种情况，你有一些选项：

1. 与人事部门的招聘人员交流，并表明你被要求做这些事情，不过，这些事情让你很不舒服。招聘人员可能会以某种不损害你的职业机会的方式传递该信息。不过，如果你的招聘人员看起来笨手笨脚，那就不要这么做了。

2. 不方便帮助他，但并非痛快地拒绝他："很不幸，这周我参加了一个研讨会。我知道你需要及时的回答，因此我不想耽误你的时间。"

3. 给他指出别的可利用的资源："关于这份材料，XYZ 协会的网站上提供了大量的信息资源。在那个网站，你应该可以找到你想要的东西。"

4. 将其定义为一项咨询工作："这是一个很复杂的话题，此外，对此进行交谈需要 5 分钟以上。我们是否能签订一个短期的咨询协议？"（不过，你要明白，这面临风险，即他可能在愤怒中放弃谈判，他会想"我只是想占用他几分钟的时间！"这会导致危害到你的应聘者资格。这完全不公平，但这确实发生了。）

当然，你也可以直截了当地说出来："当我还没为你工作的时候，帮你做这些事情让我觉得不舒服"。但这么做而不引起双方的紧张氛围可能很困难，而你现在并不想在这种特殊的关系中造成紧张不安。你还有其他选择（见上文）你可以选择其一。祝你好运！

19.3 参加了某公司多轮面试，但依旧看不到面试的尽头

当前，越来越普遍的趋势是雇主们在决定招聘人选之前，他们要求应聘者参加多轮面试。从雇主的角度来看这件事，我认为这是一个好的趋势，因为单凭一个小时的对话就决定雇用某个人，这是有风险的，尤其是一些高级职位。不过，通常情况下，这意味着应该要进行两三次会面，而不是十次。

如果你发现自己处在一个漫长的面试过程中，而没有任何迹象表明面试什么时候将结束，你完全有理由说这样的措辞：

◇ "您能告诉我更多的信息吗——关于这场面试接下来还有什么步骤，以及贵公司决定最终招聘人选的时间节点可能是什么时候？"

◇ "我对这个职位非常感兴趣，但对我来说，为额外的面谈一再请假变得越来越难了。剩下的一些步骤，我们是否可以合并进行？"

19.4 如何询问雇主是否会为外地面试应聘者支付差旅费

有些雇主会报销外地应聘者参加面试的往来差旅费，但有些雇主则不会。这也可能根据所属行业的不同和职位高低发生变化（当你面试一个高级别岗位时，获得差旅费用报销的可能性更大）。通常情况下，当邀请你去面试时，雇主们会预先提

十 非情绪沟通

到他们的差旅费用政策,但有些雇主不这么做。

如果你被邀请到其他城市去参加面试,要求对方报销差旅费用是完全正常的。你可以这样说:

◇ "我很乐意去参加面试。你们通常怎么处理差旅费用?"

如果事实证明面试邀请中并不包括差旅费用,那么你需要掂量一下自己对这份工作是否足够感兴趣,是否为有足够实力的应聘者,从而保证这趟出行的差旅费是值的。如果你与雇主还没有进行过电话面试,那你可以要求先进行一次。因为,这个步骤可能会显示出双方的不匹配,从而为你节省不必要的时间及金钱投资。你可以用这样方式提出要求:

◇ "我对这份工作很感兴趣,也愿意自己支付费用去参加面试,但我们能不能先进行一次电话面试,以确保我与你们的岗位要求是匹配的?"

19.5 在面试过程中,你意识到你不可能接受这份工作

通常情况下,即使在面试过程中,你已经意识到你不想接受这份工作,但留下来完成这次面试还是有意义的。因为尽管你不想要这份工作了,但这家公司将来可能会有你想要的岗位,所以完成面试会对你有利,这能给对方留下一个好印象,而不是让对方记住:你是面试还没结束就突然离席的人。

然而,在某些情况下,突然中断某些事情也是有意义的,比如你进行了一场一整天的面试,或者你的面试官公然辱骂你。

在这种情况下,你可以这样说:

◇ "当我们谈话的时候,我意识到这份工作可能不是很适合我。我真的很感激您花时间与我交谈,但我觉得占用您今天更多的时间是不对的。"

如果有什么理由让你乐于与人分享,理想情况下,你也应该这样做。比如说,你可以说"我在找一份更加……的工作""我没有意识到这份工作需要将那么多的精力集中于……""我们对薪酬认知的差距比我想象的大得多"。如果将来他们有一份与你更匹配的工作机会,那通过这样坦率而友好的表达,就可以使他们想到你。

不过,如果原因是"你看起来像是个可怕的混蛋",那么一定不要使用特定语言来表达这种意思,因为这样的表达几乎没有什么回报(除了当时可能有极度的满足感)。

19.6 面试过程中,如何向对方提出你要自己的办公室、在家工作或其他的福利

理论上讲,作为接受一份工作的前提,你可以与雇主协商任何事情。不过,在现实中,你能与对方协商什么事情、能协商到什么程度,则取决于你有多大的影响力,以及对方想雇用你的意愿、对你的技能需求有多强烈。如果你的职业资历相对较浅,那么你不会有太多的谈判筹码。不过,随着你的职位越来越高,建立起的职场声誉越来越好,你就会有资本去要求更多。当然,尽管这并不意味着你就能得到它,但这会变得更"合理"。

"合理"这个因素非常关键。根据不同的事项,你需要对

十 非情绪沟通

你所在行业及你所处职级的常规待遇有所了解,这样你才能相应地调整请求。

以"您愿意接受 X 事项吗""我想实现 Y 是因为 Z。贵公司最终能提供这个选项吗"作为语言组织方式,可能更加有效。这样你就能直接表达你想要的东西,而不会像疯狂的"首席主角"那样要求它。

询问在家工作的情况:

◇ "当前,我的工作内容非常适合于在家办公。通常情况下,我每月在家办公几次。您愿意接受我继续以这种方式工作吗?"

有时候,如果你明确地将在家办公的工作方式与具体薪酬联系起来,那么协调起来可能会更容易一些:

◇ "我知道您无法给很高的薪水。如果我可以每周在家工作一天,那么我愿意在薪水方面让步,因为在家办公可以减少通勤时间,而这对我是非常有价值的。您同意这样做吗?"

询问办公空间的情况:

◇ "您能告诉我,我将在哪里办公吗?我是在私人办公室还是与大家共享统间式办公室?"如果对方告诉你,你的办公室将是共享空间,你可以说:"我是否可以有私人办公室?这种类型的工作往往需要注意力高度集中,而且我发现拥有一个安静的办公场所能让我更加集中注意力,而且效率更高。"(请记住,对方的回复可能受到以下因素的影响:比如办公空间是否可分配给你使用,以及如果比你职级高的人员没有独立的办公空间,你提出的要求是否会引发相关的问题。不过,即使那样你依然可以提出这个问题。)

第二十章

搞定工作条件的谈判

十 非情绪沟通

20.1 当新工作机会意味着薪水大幅上涨,如何回答与你过去的薪水相关的问题

理想状况下,你永远不会与未来的雇主讨论你当前的薪酬水平或你过去的薪酬情况。你过去的收入与他们的业务没有关系。在不需要你的个人财务信息的前提下,他们应该能够弄清楚支付给这个岗位的薪酬情况。

然而,在现实中,你去应聘新公司时,很多雇主坚持要了解你目前的薪水;而且,他们有时会利用这条信息,降低他们本应支付给你的薪酬水平。如果是这种情况,最好的办法就是正面解决:

◇ "我知道我的薪水低于这个领域的平均水平,这其实是我寻找新工作机会最主要的原因之一。在某种程度上,我离职是为了让我的薪水与市场平均水平保持一致。"

◇ "我知道这家公司支付给我的薪水明显低于市场水平,但我接受了当前的这份工作;这是因为我喜欢这个组织,此外,我感到很兴奋,我将有机会向行业内一些优秀的导师学习大量的工作经验。不过,现在,我已经积累了一定的专业知识,并准备好进入职业生涯的新阶段,因此在一定程度来说,我准备从这家公司离职,以让我的薪水与市场平均

水平保持一致。"

在我的职业生涯早期,我以非常接近第二种方式的措辞与雇主进行过交流,结果我的薪水翻了一倍。我曾经在一家非营利组织工作,薪水很低,当时我对此并不是太在乎,因为我是发自内心地热爱这个组织和我的工作。然而,当我面试下一份工作时,我对薪水提出的要求是我前一份工作的两倍多。面试官问大幅加薪的理由时,我这么说的:

◇ "我很喜欢我一直从事的这份工作,虽然它提供的薪酬低于市场平均水平,但我还是愿意做好它。我个人对这个组织的建立与运营投入了大量的心血,也从中学到了大量的工作经验与技巧,这些可能是在别的平台上没有机会学习到的东西。不过,现在我准备进入职业生涯的新阶段了,我离职的原因之一是我想自己的薪水与市场平均水平保持一致。"

这些话真的起作用了!

20.2 在漫长的招聘过程开始之前,或去外地参加面试之前,如何询问一份工作的薪酬

雇主们往往喜欢在薪酬问题上含糊其辞,有时你可能经历了多轮面试,最终却还不知道这份工作的报酬情况。

不过,确实有一种约定俗成的观念,即求职者不应该先提起薪水问题(这种做法确实荒谬且过时,但仍然存在)。一种更可取的做法是:整个招聘过程中,在你决定投入大量的时间与精力参加面试之前,可以询问雇主关于薪水的事情。如果你

十 非情绪沟通

被现在的公司安排到外地出差、正处于休息时间或者对方要求你在不同的日期参加多轮面试,雇主们更有可能理解你的想法,即你首先至少要确保自己的薪酬水平与当前的收入大致相当。另外,实际上,这也符合雇主的利益:花大量的时间与应聘者进行交流,结果却发现他们不可能负担起应聘者的薪酬。

以下是一些表达方式:

◇ "在报销我的差旅费之前,您能否告知我这个岗位大致的薪酬范围?这样能确保我们的期待值处于同一水平。"

◇ "我希望您不要介意我现在提出这个问题。因为我从现在的工作岗位上请假去参加面试并不算方便,所以您能告诉我大概的薪酬范围,让我有个初步概念吗?这样,在我们继续推进之前,能确保我们的期望值处于相同的水平。"

◇ "听起来你们的招聘过程好像有很多步骤,这确实是招聘时明智的做法。不过,在我们继续推进之前,您是否能告知这个岗位大致的薪酬范围?如果我们的期望值并不处于相同水平,我就不占用您的时间了。"

20.3 一直没有得到面试官的回复

招聘新员工所花费的时间,通常比应聘者预期的时间要长得多,也比雇主告诉你他们所需要的时间长得多。

不过,如果你感到坐立不安,并想知道事情的进展情况,那么在他们给你的时间范围过后几天(最好是一周之后),你可以主动接触并询问最新的进展情况:

◇ "我想与您确认一下,关于 X 岗位的最终人选,贵公司是否有最终结果了?"

不过,如果很长时间没有听到任何回应,你也不要惊慌失措。许多雇主不会花时间回复应聘者,直到他们有了明确的报告:一份工作录取通知书或者拒绝信。令人难以理解的是,很多雇主让人们无期限地纠结着,甚至懒得给那些花时间来参加面试的应聘者发送拒绝信。正因为如此,在你跟进了一次之后,如果依旧没有从雇主那得到什么回复,你最好把这份工作的事忘掉,继续你当前的生活……如果他们真的再次联系你,把这当作一份惊喜吧。

20.4 如何与雇主协商薪水

人们通常认为,与雇主协商薪水意味着要提出一个正式的理由,以证明自己为什么配拿到更高的薪水。关于薪水谈判,你要知道的是,在绝大多数时候,协商根本没有必要!只需要说这些话,你通常能获得更多的薪水:

◇ "我对能获得这份工作真的感到很激动,但我希望薪水能更高些。您能涨到 X 元吗?"

◇ "我希望薪水能涨到 X 元。这有可能吗?"

◇ "在薪水上,你们会有一定的弹性吗?我想要的是 X 元。"

◇ "如果你们能将薪水涨到 X 元,我将非常乐意接受这份工作。"

切记:在说完以上某句话后,你就应该停止说话。即使你对招聘经理要说的话感到紧张不安,或者惊慌失措,你还是应该在提出请求后,就停止说话,并等待对方的回复。这种停顿可能令人很尴尬,但不要紧。最终,招聘经理会开口说话,而你想要的就是等他说话。显然,如果你一直不停地说话,最终可能只是减轻了沉默造成的尴尬,但这会破坏你想要的效果。

20.5 你意识到你提出的薪水数额远远超过了该岗位的薪酬范围

与未来雇主谈论薪水往往会使人焦虑。显然,你不想提出低于雇主愿意支付你的薪酬水平,导致自己以较低薪水接受该份工作;同样,你也不想提出太高的薪酬水平,而导致对方在决定最终人选时,因为支付不起你这么高的薪水而将你淘汰,即使你真的会接受低一些的薪水。

广泛地说,避免这种情况的最好办法就是事先调查这类岗位的薪酬水平,这样你主动提出的薪酬水平,就会比较符合你所在的行业以及地理区域的普遍情况。

不过,如果你发现,你提出的薪酬水平远超出了雇主的预算,而且,实际上你愿意接受低一些的薪水,那试着说说以下的话:

◇ "您能告诉我贵公司预期的薪酬范围吗?我对这个职位非常感兴趣,如果这份工作的其他方面都是合适的,我愿意在薪水上做出让步。"

◇ "我愿意考虑这个薪酬水平,因为我对这个岗位非常感兴趣

（或者，因为我知道有必要换个领域，追求更好的职业发展；或者其他适用的理由）。"

◇ "不得不诚实地说，我并不是很熟悉这个领域，对这个岗位薪酬范围并没有概念。对我来说，您提到的薪酬并不是不行，因此如果您依旧有兴趣的话，那我很乐意聊下去。"

20.6 面试官要求你当场接受这份工作

好的面试官一般不会给你施压，让你在面试现场接受工作。虽然他们可能希望你这么做，这样就可以圆满完成招聘过程；但他们也明白，这对你来说是一项重大的决定；你需要一些时间仔细考虑并权衡利弊。

如果这位雇主给你施压，要求你立即给出回复，你可以这样说：

◇ "非常感谢贵公司提供的工作机会，我对此真的非常感兴趣。不过，我还要花一些时间仔细考虑一下，并弄清楚我是否还有什么疑问。在周五之前回复您，可以吗？"

如果你面临的压力超过了这个限度，你可以简单地说：

◇ "这是一个重大的决定，而且，虽然我现在感到非常激动，但我还要对每个细节都考虑一下，以确保没有任何悬而未决的问题。"

同时，需要注意的是，通常情况下，你不应该说"我在等着另一位雇主的回复"之类的话——雇主们都希望他们是你的第一选择。

20.7 让你的首选雇主知道你还有一个工作机会

如果你参加了多家公司的面试,在你的首选公司做出最终决定之前,你已经从另一家公司获得了工作机会,那么此时,你不要感到惊慌失措。如果你有机会与这家首选公司接触,那可以向他们解释这种情况。假如他们对你足够感兴趣,他们可能会加快招聘的进程。

立即联系你最感兴趣的公司(不要耽搁一天),并这样说:

◇ "我对贵公司及招聘的工作岗位非常感兴趣。我知道你们还在推进招聘的流程,但我刚刚收到另一家公司的录取通知书,我需要在一周内给他们回复。贵公司是我的第一选项,我倾向于与您一起工作,但我受限于他们的时间要求。我是否有机会在周一之前听到贵公司明确的回复呢?"

如果他们对你确实很感兴趣,他们将尽其所能地加快推进速度。如果他们不为所动,至少这让你知道,他们不愿意太快做出关于最终人选的决定,然后你在考虑工作机会时,就能够将这条信息综合考虑进去。

20.8 如何拒绝一个工作机会

尽管你得到了那份工作!但……你决定不接受它。也许你与对方无法在薪水上达成一致,或者你可能在别的地方得到了更好的工作机会，或者你只是了解到这份工作与你并不是很匹配。

如果你对如何拒绝一个工作机会感到有压力，那么你要知道，人们总是会这么做的，一位好的雇主不会对此感到震惊或者愤怒。你拒绝接受一份机会，这是被允许的，正如一位雇主可以拒绝你一样。

因此，直截了当地说出来就好。比如说：

◇ "非常感谢您提供的这个工作机会。我真的非常感激您花时间与我交流，但经过慎重考虑，我决定拒绝这份工作。我意识到，我想重新去做更多的原创研究，我知道这并不是该岗位的工作重点。不过，我认为贵公司的事业非常棒，希望将来我们有机会再次交谈。"

◇ "我很感激您坦率地告诉我这个岗位的薪酬范围。我认为在薪酬水平上，我们的期望值差异太大，所以我决定拒绝这份工作。但我真的非常感激有机会了解贵公司，祝愿贵公司的事业一切顺利！"

结　语

我希望你能从这本书中有所收获——当某些事情困扰着你或者你希望某些事情能以不同的方式进行处理时,你可以直接说出来。直接说出来并不一定意味着要疏远他人或造成两人关系紧张;你完全可以做到——直接而不粗鲁,观点果断而不令人厌恶。

实际上,虽然这本书的主要内容围绕着如何在职场展开一些艰难、敏感而微妙的对话,但这些年来,我从很多读者那里听说,我们在这本书中提到的建议也同样适用于其他领域,包括家庭、友情、爱情,以及其他重要的关系类型。

这本书中的一些原则,你可以应用到生活中的任何方面:

1. 直接表达。不要期望别人能明白你的心思;当他们不明白你心思时,你又感到很苦闷。当你希望别人会做一些不同的事情时,你要通过"直接说出来"帮助自己。坦率,只要是出于你善良的本意,通常会在某处给你带来好运。

2. 如果针对某件事情,你已经直接说过好几次而没有看到任何变化,那么就停止解决个别的实例("你又做了 X")而谈论整体情况。("关于 X 给我带来的问题,我们已经讨论了很多次了,但这种情况继续在发生——我们该怎样以不同的方式解决,以保证取得实效呢?")

3. 对他人表现出善意。 如果你以合作性的思路接近他人,而并非将对方视为你的对手,通常你都能获得更好的结果。

4. 你可以承认别人对事情的看法与你不一样,尊重他们发表这一观点的权利,同时也清楚自己真正需要什么。

5. 优雅地接受别人的批评,即使你并不赞同对方的观点。 即使你反复考虑而认定对方给你的反馈是毫无根据的,它也会帮助你了解到别人是怎么看待你的。

6. 如果你努力把自己塑造成一个善良、体贴且坦率的人,在任何场合,你几乎可以畅所欲言。

当然,以上这些原则,没有人每次都能充分掌握而且灵活运用(当然我也不能,我的家人、朋友及过去的同事都能证明这一点)。不过,很多时候,如果在你的脑海里,你很清楚在每段关系中你所追求的是什么,那么你就更有可能得到你想要的结果。

无论在工作中还是工作之外,直接说出来——以礼貌而直接的方式表达,将帮助你拥有更快乐、更心满意足且压力更小的生活。